李乐文◎编著

网店运营
推广教程

WANGDIAN YUNYING TUIGUANG JIAOCHENG

让您的网店实现从红心到皇冠的完美蜕变。

中国农业出版社

图书在版编目（CIP）数据

网店运营推广教程 / 李乐文编著. — 北京 ：中国农业出版社，2016. 6

ISBN 978-7-109-21567-2

Ⅰ. ①网… Ⅱ. ①李… Ⅲ. ①电子商务-商业经营-教材 Ⅳ. ①F713. 36

中国版本图书馆 CIP 数据核字（2016）第 071737 号

中国农业出版社出版

（北京市朝阳区麦子店街 18 号楼）

（邮政编码 100125）

责任编辑 肖 邦 黄向阳

文字编辑 刘金华

北京万友印刷有限公司印刷 新华书店北京发行所发行

2016 年 9 月第 1 版 2016 年 9 月北京第 1 次印刷

开本：910mm×1280mm 1/32 印张：7

字数：200 千字

定价：26. 80 元

Foreword

前言

如今，互联网在我国发展迅速，网络安全也在不断完善，加上人们生活方式和消费观念的转变，电子商务正处于一个快速发展的阶段，而网上购物已经成为一种既时尚流行又省时省力的购物方式，网上店铺也如雨后春笋般不断增加，服装、化妆品、家电等应有尽有。

目前，我国的网民数量不断增加，进行网上购物的网民数量更是呈爆炸式增长，在淘宝网、拍拍网、易趣网等几大购物网站上，每年达成的交易额非常惊人，仅“双十一”一天的交易额就堪称网店神话。即便如此，按照比例来说，我国进行网上购物的人群依然是少数，而且以中青年为主。另外，网上开店相对于实体店成本更低、开店方式更加灵活，也不需要店面或者大型仓库，因此，在网上开店依然有着非常大的潜力，不同层面的人都可尝试经营。而随着越来越多的人加入开网店这个队伍中，网店间的竞争也在一点一点增长，所以不仅要懂得经营一家网店，还要学会如何推广网店，使它能够在众多网店中脱颖而出，带来更大的效益。

本书从网店的运营和推广两方面进行介绍，首先是从零开始逐步教您如何经营好一家网店，然后再从不同方面讲述网店的推广策略，为您在网上开店提供详细的指导。网店运营和网店推广中具体包括内容如下：

1. 介绍网上开店前的准备，包括分析目前网上开店的形势、网上开店前的软硬件准备及心态准备等。

2. 介绍如何注册淘宝会员、开通支付宝及申请淘宝店铺等。

3. 介绍如何发布宝贝及装修店铺，包括管理宝贝、设置掌柜、推荐宝贝等。

4. 介绍如何完成第一笔交易，包括与买家交流、修改价格、包装商品、选择物流等。

5. 介绍如何使用常用的网店工具，包括阿里旺旺、淘宝助手等。

6. 介绍如何保护网店安全，包括防范交易风险、网上进货防骗等。

7. 介绍如何在店内进行网店的推广，包括加入淘宝旺铺、精装修店铺等。

8. 介绍如何在站内进行网店的推广，包括淘宝直通车、淘宝客等的运用。

9. 介绍如何在站外进行网店的推广，包括微博、论坛、博客等方式的运用。

10. 介绍如何进行促销推广，包括 VIP 会员制、限时打折等方式的运用。

11. 介绍如何开拓客源进行人脉推广，包括如何留住顾客、联系潜在买家等。

本书内容循序渐进、思路清晰、图文并茂、讲解细致，帮助读者快速掌握网店的运营和推广技巧，让您的网店越做越好，越做越大。

编　者

2016 年 3 月

Contents

1 网上开店：你准备好了吗？

1.1 认识电子商务

如果想要在网上开店，我们首先需要了解一下电子商务，包括电子商务的概念、电子商务的模式等。下面我们就一起来认识一下电子商务吧。

1.1.1 电子商务简介

电子商务（electronic commerce，EC）通常是指在因特网开放的网络环境下，全球各地基于服务器应用方式，买卖双方不谋面地进行各种商贸活动，实现消费者的网上购物、企业之间的网上交易和在线电子支付以及完成各种商务活动、交易活动、金融活动和相关的综合服务活动的一种新型的商业运营模式。

电子商务，顾名思义，首先是指电子方式，然后是商贸活动。一般来说，从寻找客户到洽谈、订货、在线付（收）款、开具电子发票以至电子报关、电子纳税等工作流程都可以通过因特网完成。

电子商务除了买家、卖家外，还需要其他机构的加入才可实现，如银行或金融机构、政府机构、认证机构、配送中心等机构。

1.1.2 电子商务的特点和运用

随着互联网的快速发展及其本身的开放性、全球性、低成本和高效率的特点，电子商务作为一种新型贸易形式也得到快速发展，成为网络技术和电子工具应用上新的发展方向。电子商务不论是对企业本身的生产和经营管理活动，还是对整个社会的经济运行与结构都产生了相当大的影响，它扩展了传统商务活动的发展空间，为其提供了新的契机，具有传统媒介手段难以比拟的优越性。

在电子商务的整个交易流程中，绝大部分环节都要通过在线方式来完成。其流程主要如下所述：

买方通过网络寻找、发现商品信息

↓

利用在线即时聊天软件、电话等沟通工具和卖方联系

↓

双方对于该商品的信息和问题进行洽谈

↓

买方透过第三方支付平台或网银在线支付的方式订购商品

↓

卖方将商品通过物流配送到买方手中

↓

买方对商品进行验收，确认无误后完成支付，卖方因此收到应得的货款。

电子商务的特点主要有以下几个方面：

（1）降低成本，提高效率

电子商务最大的特点就是电子化、数字化，有效节省了人力、物力成本。另外，电子商务使贸易活动没有时间和空间的限制，使工作效率得到了极大的提高。

（2）没有时间和空间的限制

不同于传统的空间概念，互联网中出现了虚拟空间和虚拟社区，

个人、公司或机构无论身处何处，都可以通过互联网中虚拟的商场来完成贸易活动或实现信息、资源和智力的共享。

（3）公平享用信息资源

电子商务具有开放性和全球性的特点，在电子商务中，小企业不再处于信息资源的劣势地位，它们拥有和大企业一样的信息资源，具有更多的贸易机会，其竞争能力大大提高。

（4）减少了交易的中间环节

电子商务的交易模式与传统的商业流通模式相比，交易的中间环节减少了，使生产者与消费者可以直接沟通。这一方面降低了交易成本，另一方面使整个社会经济运行的方式发生一定程度的改变。

（5）买卖双方之间的互动性增强

因为电子商务大部分都是通过在线方式来实现贸易，企业和企业之间、消费者与企业或商家之间都可以直接进行交流、谈判及意见和建议的反馈，使买卖双方形成一种良性的互动。

（6）信息传递速度快

互联网信息传递速度的加快，也加速了电子商务的发展。电子商务实现信息的快速传递，使贸易活动更加快速、便捷，为企业创造了更多商机。

综合上述特点，电子商务作为一种新兴的商业模式广受商家青睐，未来具有无限的发展可能。

1.1.3 电子商务的分类及现状

电子商务按照不同的模式可分为B2B、B2C、C2C、B2M、M2C、B2A（B2G）、C2A（C2G）7种类型。其中，国内目前的电子商务网站平台主要以B2B、B2C、C2C这三种类型为主。

（1）B2B（business to business）——企业对企业

B2B是指企业（或商家、公司）通过互联网跟供应商（企业或商家、公司）通过电子商务交易完成产品、服务及信息的贸易活动。B2B的供求双方都是企业，如阿里巴巴、慧聪网、中国制造网等网站都是属于B2B电子商务网站。

（2）B2C（business to customer）——企业对个人

B2C是指供应商（企业或商家、公司）通过互联网向个人销售产品、服务及信息的贸易活动。B2C是我国最早产生的电子商务模式，亚马逊、戴尔公司等都是属于B2C电子商务网站，另外，淘宝网也涵盖B2C这种电子商务模式。

（3）C2C（customer to customer）——个人对个人

C2C是指个人（消费者）与个人（消费者）通过互联网进行交易的电子商务模式。现在很多创业者，尤其是年轻人都会选择C2C这种电子商务模式来实现。目前，淘宝网、拍拍网、易趣等都是典型的C2C电子商务网站。

（4）C2B（consumer to business）——个人对企业

C2B是互联网经济时代新的商业模式。这一模式改变了原有生产者（企业和机构）和消费者的关系，是一种消费者贡献价值，企业和机构消费价值的模式。具体说来是消费者先提出其需求，而后生产企业按需求组织生产。

（5）O2O（online to offline）——线上对线下

O2O就是将线下商务的机会与互联网结合在一起，让互联网成为线下交易的前台。这样线下服务就可以用线上来吸引消费者，消费者可以用线上来筛选服务。该模式的突出特点是：推广效果可查，每笔交易可跟踪。

1.2 网上开店的优势与风险分析

现在，有越来越多的人选择在网上购买所需商品，于是，很多人都想要把握这个商机，想要开一家网上店铺。但是，需要提醒大家的是，开网店的确有很大的优势，但同时也具有一定的风险，创业者对此一定要有足够的风险意识。下面分别介绍一下网上开店的优势及其风险。

1.2.1 网上开店的优势

目前，开一家网店成为越来越多人的创业新选择，尤其是年轻人。网上开店的优势主要体现在以下几点：

（1）开网店投资少，收益快

相对于实体店，网上店铺所需的“租金”非常少，而且基本不需要占压资金，也不受营业面积和营业时间的限制，还可以以绝对便宜的价格为店铺投放广告，分类搜索引擎可以使店铺在10秒钟内被顾客搜到。

（2）网上店铺营业时间不受限制

经营实体店，需要在一定的时间段内由专人值班看店，且还会受天气等限制；而网上店铺不仅延长了店铺的营业时间（全天性、全年性），也不用专人值班看店，交易成功率大大提高。

（3）网上店铺销售规模不受空间、地理位置的限制

实体店的规模往往要看店铺面积有多大，店里的人流量跟店铺所在地理位置更是直接相关。但是网上店铺则可以按照店主的意愿扩大规模，顾客也可以轻而易举地找到自家店铺，不受空间、地理位置的限制。

（4）网上店铺人气旺，收入高

网上店铺面向的是全国乃至全球的消费者，这个潜在市场是实体店铺无法比拟的。只要商品质量有保证、有特色，经营得法，网上

店铺每天的客流量会非常多，销售收入也会因客流量的增加、交易成交量的增加而大大提高。

1.2.2 网上开店的风险分析

网上开店虽然具有较强的优势，但也并不意味着可以稳赚不赔，网上开店不可避免地也会具有一定的风险，主要体现在如下几个方面：

（1）竞争激烈。实体店的顾客群一般比较稳定，竞争比较小。网上店铺则是与全国所有经营同类商品的其他网店在同一个平台上一起竞争，竞争相当激烈。

（2）信用可靠度不如实体店。不同于实体店的一手交钱一手交货的经营模式，网上店铺的交易是买卖双方在互信的基础上通过网络进行交货、付款的一种商业活动，若是一方信用不佳，就会给对方带来经济损失。

（3）病毒、木马、网上黑客的威胁。在网上开店，一定要注意保护数据安全，防止感染病毒、木马或者被黑客入侵，否则很容易造成损失。

（4）缺乏监管。我国目前还没有建立有关网上开店的法律法规，仅有国家工商行政管理总局发布的《网络交易管理办法》，在工商登记、税务登记等各方面都不够成熟。

1.3 职前准备

网上开店以独特的经营模式和强大的优势吸引了众多人投入这个行业。但是，开一家网店也要有一定的心理准备和必需的软、硬件。

1.3.1 做好网上开店的心理准备

在前一节中我们认识到了在网上开店的优势及其风险，所以，要想成为一个成功的卖家，首先一定要做好开店前的心理准备。

（1）用心经营

俗话说“万事开头难”，小店刚开张的时候，没有信誉度，客流量较少，顾客疑问多，因此更需要用心地与顾客沟通，尽量留住每一位上门的顾客，成功完成交易。而且，网上店铺往往是通过文字、图片等细节来体现卖家的用心程度和对顾客的关注，可谓是细节决定成败。因此，为了取得顾客的信任，提高小店的信誉和销售成绩，卖家一定不能忽略每个细节，专心、用心地去经营自己的店铺。

（2）持之以恒

网上开店刚开始的经营肯定会因为经验不足等原因而产生各种各样的问题，甚至会导致浏览量上不去、销量下降等。此时卖家一定要具有恒心、耐心、信心和平常心，在失败中总结经验，吸取教训，努力进步。这样坚持到底，就一定会获得成功。

（3）和气生财

不管是实体店还是网店，“顾客是上帝”都是一条不变的商业法则，但是有些时候买卖双方会发生一些摩擦也是在所难免的，尤其是网上店铺的买卖双方都是在网上进行交流，更易产生误会。作为卖家一定要多包容、体谅对方，尽量取得顾客的信任。

（4）学海无涯

网上经营变化太快，在经营店铺的过程中一定要每天给自己“充电”，不放弃任何学习的机会，以适应外界的变化，取得先机，保证店铺的销量稳步上升。

1.3.2 网上开店必备的软硬件

尽管网上开店不需要实体店面，但是一些最基本的软、硬件条件也是必须要提前准备的。下面将分别介绍网上开店前需要准备的软、硬件。

1. 硬件准备

对于刚开始在网上开店的用户来说，对硬件设施配置的要求也不是很高，可以根据实际情况选择性地准备。一般来说，网上开店需要准备的硬件主要有以下几种：

（1）电脑与便捷的网络

网上开店，卖家是在网上与消费者进行交易，因此必须要具备一台电脑和便捷的网络。电脑最好是一台笔记本电脑，这样卖家就可以随时、随地工作了。而因为查询资料、收发电子邮件及与顾客沟通等都要用到网络，因此不但要有网络，还要保证网络的快捷，以免影响交易。

（2）电话

现在，网上购物已经不仅仅是年轻人的专利了，不同年龄层的人群都开始陆续加入到淘宝大军中，而很多年长的顾客不习惯在网上与卖家沟通，因此，卖家一定要有一个方便联系的固定电话或手机。而其他方面如售后、回访等通常也需要用到电话，因此，电话也是网上开店必备的。

（3）数码相机

网上店铺的商品都要通过图片的形式展示给顾客。发布宝贝首先就要准备好宝贝的图片，因此，卖家就需要一台好的数码相机，以拍出漂亮、吸引人的商品图片，可以增加浏览量，激发顾客的购买欲望。

（4）传真机和打印机

对于还处在网店经营初期的卖家来说，这两种设备的使用率不是很高；而对于一些网店规模较大和订单量较多的卖家，则可以根据需要选择配备。传真机可以收发同客户和货源供应商之间的合同和相关协议等，打印机可以打印文本资料和订单等。

2. 软件准备

网上开店除了上述最基本的硬件准备外，用户还需要准备一些基本的软件并熟练使用。对于软件的要求并不是很高，学起来并不难，只要稍微用心，就可以熟练掌握。

（1）上网查看网页

在网上开店，熟悉上网操作，学会上网查看网页是对卖家最基本的要求。

（2）收发电子邮件

网店的经营中，电子邮件也是一种比较重要的沟通方式。因此，卖家要能熟练地收发电子邮件。

（3）聊天软件

通常，买家与卖家的沟通都是在网上进行的，因此卖家要可以熟练地运用阿里旺旺、腾讯QQ等即时聊天工具，并且打字速度也不能太慢，以便与买家进行良好的沟通。相关聊天软件具体的安装以及使用方法将在后面的章节中介绍。

（4）Word、Excel等办公软件

在网上开店的卖家通常需要跟供货商签订合同，给自己的店铺、商品编辑文案，统计店铺销量，建立买家档案等，这时候就要用到Word、Excel等办公软件了。这类软件一般电脑都已经预装，操作也比较简单易学。

（5）作图软件

之前我们讲到要学会用数码相机拍摄图片，但要想让宝贝能够抓住消费者的“眼球”，卖家还必须要学会使用一款作图软件，如Photoshop、ACDSee、光影魔术手等。

1.4 准确定位

开一家网店，就要确定网店将要出售的商品、商品的货源、针对的消费群体以及店铺的经营方式等，下面将分别进行介绍。

1.4.1 商品定位

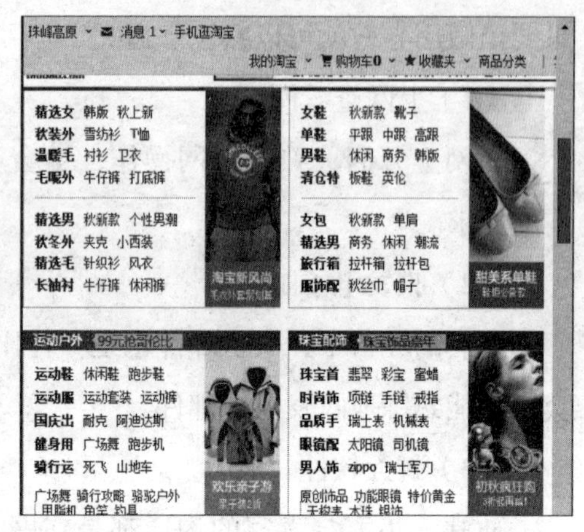

在网上开店铺，首先要决定经营什么商品。目前，很多类型的商品都可以在网上进行买卖，淘宝网上的店铺类型包括女装 / 男装、鞋靴 / 箱包、运动户外、珠宝配饰、手机数码、家电办公、护肤彩妆、母婴用品等非常多的种类。用户应该提前做好市场调研工作，然后认真分析市场需求，再结合自身的特点和爱好来确定自己店铺销售的主打商品。

当然，也并不是所有的产品都适合在网上销售，下面我们就来介绍一下适合在网店里销售的商品一般所具有的特点。

（1）便于送货上门

网上店铺面对的是来自全国各地的消费者，买卖双方通常会相隔较远，买家下订单后，卖家要通过物流将商品发到买家手中。因此，经营的商品要不易损坏、不易变质，还要体积适中，形状适当，便于包装，适合长距离安全运输等。

（2）无须试用购买

网上销售的商品必须通过网上的描述就可以激起浏览者的购买欲望并能成交。如果一件商品必须要亲眼见到或亲自试穿、试用才可以激发消费者的购买欲望并达成交易，就不适合在网上开店销售。

（3）有个性、有新鲜度、有市场独特性

目前，中国网民还是以 15~35 岁的年轻人为主体，他们大多追求时尚，追求个性。因此稀缺且有个性、紧跟时尚潮流或网下不容易买到的商品都会比较受欢迎。比如外贸订单产品或直接从国外带回来的商品。

（4）价格最好低于实体店里同样的商品

网上店铺相对于实体店，其最大的竞争优势就是价格，如果同类商品在实体店和网上店铺的价格相等或更低，那么绝大多数人都会选择在实体店购买。因此，要保证网上销售的商品价格（包括物流费用）低于实体店里的同类商品。

（5）商品信息较容易通过图文表述与传播

顾客在网上购物是通过卖家对所售商品的图片和文字的描述来了解商品并最终决定购买的。因此，能够通过文字和图片的形式把卖点和特色描述清楚的商品比较适合在网上销售。

（6）最好带有一定的地域人文特色

一些具有地方特色的特产和民间工艺品，由于制作工艺或地理条件的限制，难以形成大规模的工业化生产，跨地域购买也比较困难，这类产品如果在网上进行销售则可以打破这样的限制，以奇制胜，获得较好的收益。

当然，这些商品特点只是一些建议，用户还是要根据实际情况，结合自身的特点和爱好来最终决定网店的经营项目。

1.4.2 货源定位

网上店铺之所以具有如此强大的竞争力，物美价廉是重要因素之一。因此，要想经营好网店，首先需要寻找一个价格低廉、质量有保证的货源，这样，网店才具备基本的竞争力，才有可能取得较好的收益。

寻找货源的渠道有很多，如果是时间充裕的用户，可以出去跑跑批发市场，在网下寻找有利货源。如果是时间不够充裕的用户，可以通过网络来寻找货源，不用外出，更加方便。

（1）利用通用搜索引擎搜索货源

利用通用的搜索引擎来搜索货源，只要输入商品关键词就可以

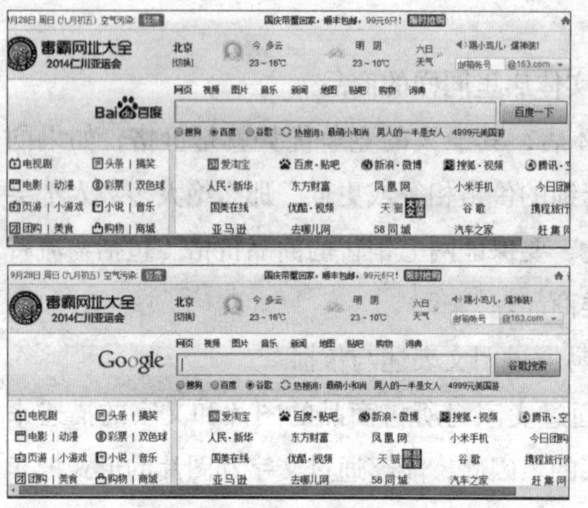

搜索到相应的网页、网站和新闻等信息。再从搜索结果中筛选所需要的商务信息，最终找到相关供应商的信息、联系方式等。如左图所示分别为中文的百度搜索引擎和提供多种语言的Google网页搜索引擎。

（2）利用专用搜索引擎搜索货源

通用搜索引擎搜索出来的信息比较多、比较杂，查询起来非常困难，也非常浪费时间。为了避免这样的情况，卖家可以借助专业商务搜索引擎来进行搜索，以获得更加准确、及时的商务信息，除此之外，专业商务搜索引擎的诚信服务和措施还可以保障买卖双方的交易比较安全地进行。

①阿里巴巴进货网。登录阿里巴巴进货网（http://china.alibaba.com/）直接查找需要的货源信息，如图所示。

对于一些小额批发可以直接进入阿里巴巴小额批发页面寻找相关货源信息，如图所示。

技巧提示

在搜索之前可以先在阿里巴巴进行注册，并下载一个诚信通，这样就可以查看供货商的详细资料，方便和其负责人进行实时沟通。

②各大专业网站。如果已经确定了自己网店想要经营的商品类型和特点，此时可以选择专业网站来搜索货源，如中国服装网、中国批发网及中国饰品网等大型专业网站。此类网站的资讯都比较全面，更容易搜索到需要的商务信息。如下图所示为中国服装网站资讯。

技巧提示

在网上搜索货源时，为了使收集到的信息更加全面，更加准确，最好不要局限于使用一个搜索引擎，而是应该多尝试使用不同的搜索引擎来进行搜索，再将搜索信息综合起来查找，会达到事半功倍的效果。

（3）利用网下资源寻觅货源

除了在网上寻找货源外，还可以在网下寻找货源，而且只要条件允许，接触越多的进货渠道就越容易找到物美价廉的货源。在网下寻找货源主要有以下几种途径：

①积压的品牌库存。品牌商品一般来说款式和品质都很好，但即使如此，在换季或其他的情况下也会有较多的库存积压，一些专职网络销售的卖家就会从厂家买入这些库存商品。如果能够以低廉的价格将这些人手中的库存买入，再充分利用地域或时间差价，通过网络将这些商品卖掉，就能获得非常丰厚的利润。

②外贸尾单货。外贸尾单货即国内的外贸加工企业在完成国内的订单后所剩余的产品。外贸尾单货一般价格较低、品质有保障且时尚新潮，很具有市场潜力。因此，如果有熟识的外贸厂商，不妨进些这样的产品，可以赚取非常可观的利润。

③国外的打折商品。在换季或节日前夕，一些国外的世界一线品牌常常会疯狂打折，价格非常便宜。此时，卖家可以通过在国外的亲戚或朋友帮忙买到这些折扣商品，然后再在网上销售，也可以取得很好的利润。

此外，如果打算在网上开店，像北京的西直门、秀水街，上海的襄阳路、城隍庙，以及知名国内外的义乌小商品批发市场等地区性批发市场一定要多去，以熟悉行情，保证进货商品的物美价廉。

1.4.3 消费群体定位

经营一家网店，要根据自己的商品特点等来定位销售对象，首先是常常上网的群体，目前以 15~35 岁的人群为主，因此，可以将销售对象定位于这个年龄段中。然后，在此基础上进行客户群定位，如学生、白领等，定位了消费群体，充分了解他们的消费水平和需求将更有利于店铺的经营。

如果将在校学生锁定为消费对象，则经营的商品要物美价廉、又贴合时尚，因为学生一般都比较追求时尚、紧随潮流，但是大多消费水平都比较低。如果将白领锁定为消费对象，则经营的商品价位可以偏高，但要有特色，送货也要及时，因为白领有自己的收入，消费水平比较高，对商品和服务的质量都要求比较高。

一般来说，经营网店不可能面面俱到，必须要有明确的销售方向，所以就要定位自己的顾客群体，在这个销售方向上，将自己的店铺做大、做好。

1.4.4 经营方式定位

网上店铺主要有 3 种经营方式，用户可以结合自身的情况选择其中的一种。这 3 种经营方式分别是：

（1）实体店与网店相结合的经营方式

同时经营实体店和网上店铺，将商品在实体店出售的同时也放在网上进行销售，扩展销售渠道，增加收益。有了实体店的支持，可以有效保障网店中商品的价位与质量，从而提高顾客对网店的认可度。

（2）专职经营网店

将经营网店作为自己的职业，收入完全依靠网店的收益。只要经营合理，收益将非常可观。想要自主创业的用户，如刚毕业的大学生等，可以选择这种网店经营方式。

（3）兼职经营网店

经营者将网店作为自己的副业，收益不及专职经营的大，但所承担的风险也相对减小。上班族或在校学生可以选择这种经营方式。

2 网店开张

2.1 注册成为淘宝会员

用户要想注册成为淘宝会员，首先需要注册一个电子邮箱，通过电子邮箱中的信件来激活注册的会员名。当然，如果用户本来就有电子邮箱，就不必再重新注册。

2.1.1 注册电子邮箱

电子邮箱可以免费收发各类电子邮件，邮件内容包括文档、图片、音频等。目前，很多网站都提供免费邮箱服务，如新浪、搜狐、网易等，以“网易”网站中申请电子邮箱为例，其具体操作步骤如下：

01. 打开 IE 浏览器，在地址栏中输入网易网站的地址 http://www.163.com，单击“转到”按钮，进入网易首页，如图所示。

02. 在打开的页面上方单击“注册免费邮箱”链接，进入注册页面，正确填写注册信息，单击“立即注册”按钮。

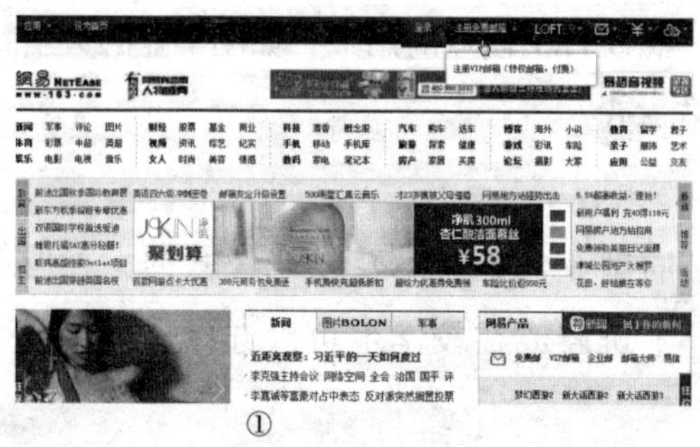

①

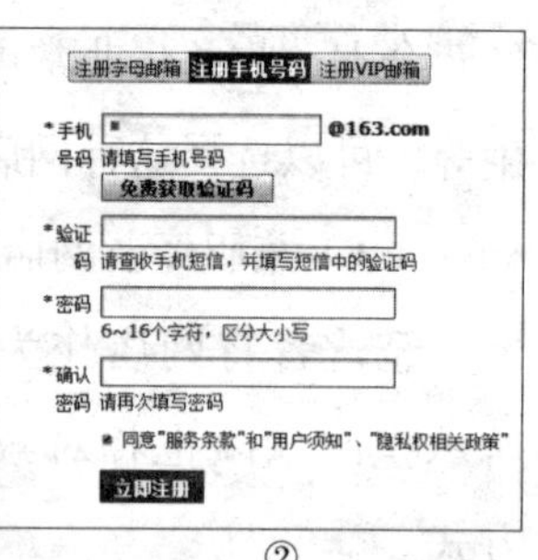

②

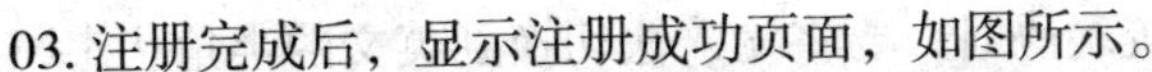
03. 注册完成后，显示注册成功页面，如图所示。

04. 单击“进入邮箱”按钮，即可登录 163 邮箱。

申请好邮箱后，打开网易首页，单击页面上方的“免费邮箱”链接或页面左侧的“163 邮箱”链接即可打开邮箱登录页面，输入用户名和密码后，单击“登录”按钮即可进入刚刚申请的 163 邮箱。

2.1.2 注册成为淘宝会员

只要提供必要的身份证明并填写相应的信息即可注册成为淘宝会员，其操作步骤很简单，但有以下几方面需要注意：

（1）注册淘宝会员时需要根据提示填写会员名、密码和邮箱等基本信息，一般都为必填信息。

（2）港澳用户不支持手机注册方式，只能选择邮箱进行注册。其他方面如申请方式、填写内容与内地会员基本相同。

（3）淘宝网的会员名一旦注册就不能更改，如果是卖家，建议将注册的账户名与自己经营的项目相关联。

（4）淘宝会向邮箱发送确认邮件和所有交易的邮件，因此填写的电子邮箱最好是常用的电子邮箱地址。

（5）输入校验码时，要将输入法切换到英文的半角状态，才可以输入有效的校验码。

（6）如果邮箱中没有收到确认信，启动账户的页面不要关闭，更改电子邮箱地址后再单击“重新收取激活信”超链接进行尝试。

注册成为淘宝会员的具体操作步骤如下：

01. 启动浏览器，在地址栏中输入淘宝网的网址 http://www.taobao.com，按 Enter 键打开淘宝网首页，然后单击“免费注册”链接。

02. 进入“设置用户名”页面，先阅读注册协议，若无异议，单击“同意协议”按钮。

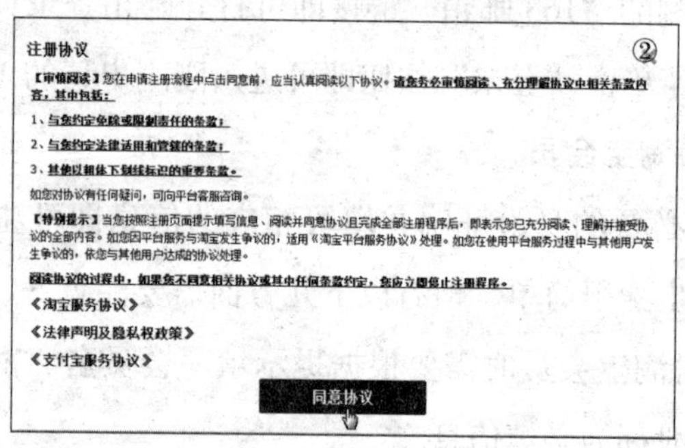

03. 进入手机验证页面，输入手机号进行验证。

04. 淘宝系统会将一条验证码发送至正在进行验证的手机，将验证码填入，点击“确定”按钮。

05. 设置用户名，在相应位置填写信息，完成之后，点击“提交”按钮即可。

06. 提交完成后，淘宝账号就注册成功了。

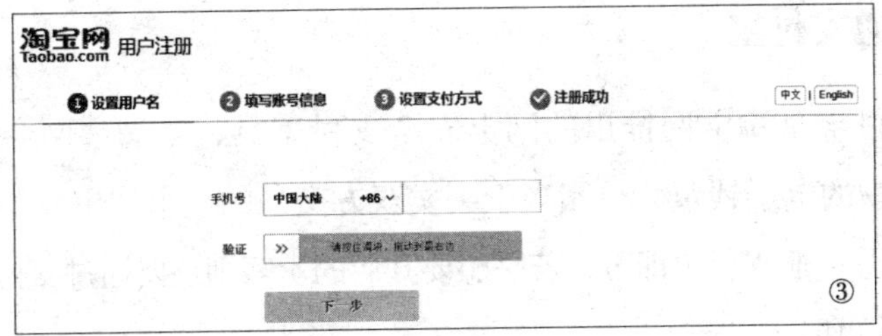

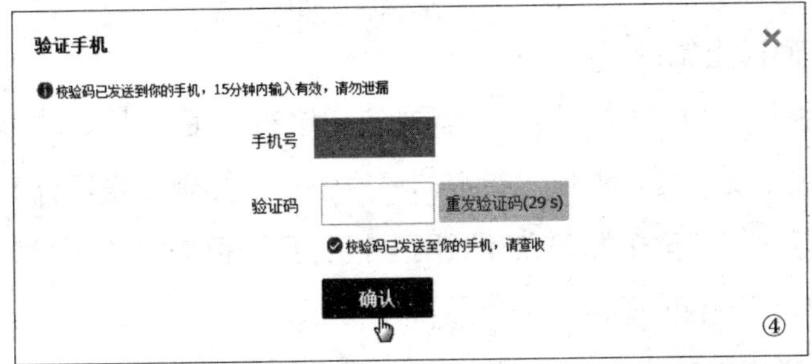

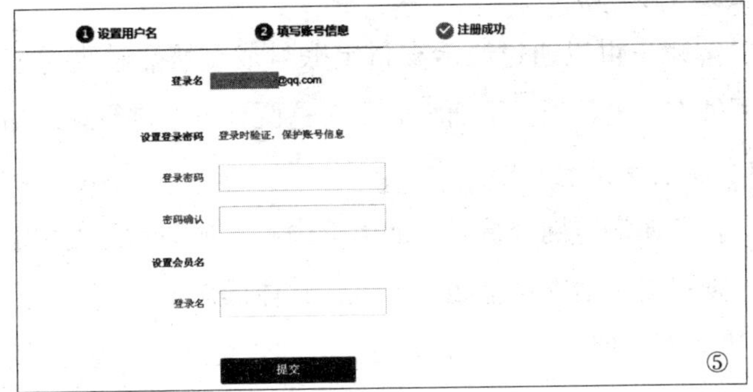

技巧提示

在注册淘宝会员过程中系统会默认选中“同意支付宝协议并同步创建支付宝账户”复选框（见步骤 4 打开页面），注册成功后将同步创建支付宝账户。

2.2 开通支付宝

支付宝是淘宝网推出的网上安全支付工具，是淘宝网会员在淘宝网购物的电子钱包，也相当于买卖双方交易的一个“中介”。买家通常只需注册支付宝即可，若是想要开店的卖家则还要通过支付宝的实名认证才可以。

2.2.1 开通网上银行

要想往支付宝中充值，则需要使用银行卡的网上支付功能来实现。因此，卖家要在支付宝指定的一家银行中办理一张银行卡并开通网上银行功能。至于办理和开通网上银行只需根据需要去相关银行办理即可，在此不再详述。

2.2.2 开通支付宝账户

支付宝账户可以通过激活支付宝账号或直接登录支付宝网站进行注册两种方法来开通。下面将分别对这两种方法进行详细的介绍。

（1）激活支付宝账号

用户在注册淘宝网会员时，如果选中了“自动创建支付宝账号”复选框，则只需激活支付宝账号即可，具体操作步骤如下：

01. 进入淘宝网首页，单击页面上方的“支付宝”链接，进入“支付宝”页面。

02. 单击“账户激活”链接，进入“激活支付宝账户”页面。

03. 使用注册淘宝网会员时使用的手机号登录支付宝，并正确输入校验码后，单击“确定”按钮，显示“去邮箱激活支付宝”提示页面。

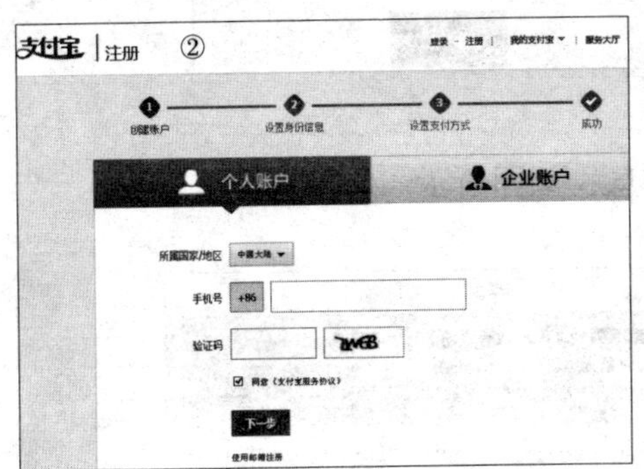

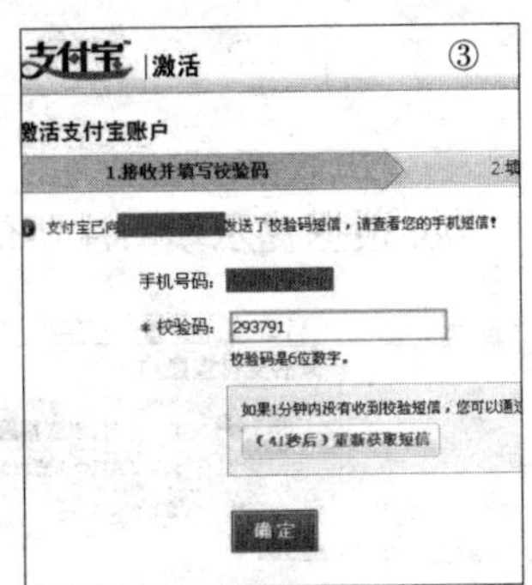

04. 单击“立即进入邮箱查收”按钮，转到邮箱登录页面，成功登录后，单击发件人为“支付宝”的邮件，打开该邮件。

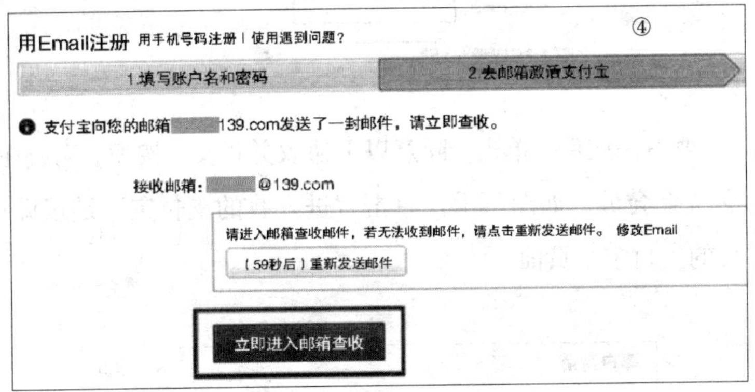

05. 单击“点此立即激活支付宝账户”链接，回到“激活支付宝账户”页面，选择想要激活的类型，这里选中“个人账户”单选按钮，

再单击“确定”按钮，如图所示。

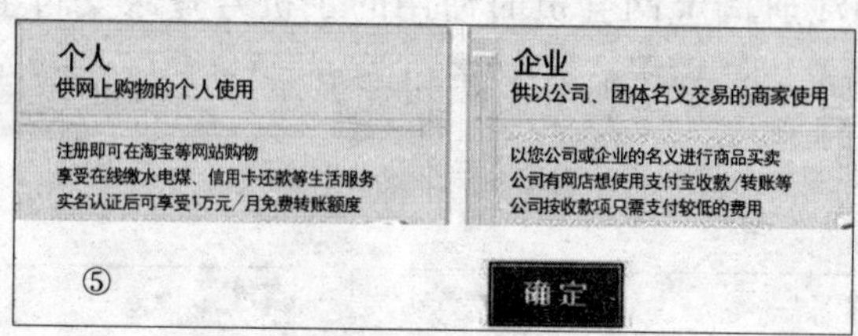

06. 根据提示填写注册信息，如图所示。

激活支付宝账户

您的支付宝账户139.com激活成功。

为了能更好地享受支付宝的服务，请尽快补全您的账户信息。⑥

我的支付宝

注册成功广告

您只需要补全信息，就可以进行付款、充值等操作了。

支付宝账户：139.com

*真实姓名：

请填写您的真实姓名，方便今后客服与您核实身份。

*支付密码：

支付密码会在付款、退款、修改账户信息等多处使用。

*确认支付密码：

*设置安全保护问题：请选择

07. 填写完成后，单击“同意以下协议并提交”按钮，完成注册，成为支付宝会员，如图所示，单击“进入我的支付宝”链接即可登录“我的支付宝”页面。

技巧提示

开店后，卖家的每一次交易都与支付宝密切相关。因此，支付宝为了使交易双方更安全地使用账户，规定了双重密码，即登录密码和付款时的支付密码，且设置的两个密码不能相同。

（2）在支付宝网站注册和激活支付宝账户

用户在注册淘宝网会员时，如果没有选中“自动创建支付宝账号”复选框，则可通过支付宝网站进行注册，具体操作步骤如下：

01. 启动浏览器，进入支付宝网站，网址是 www.alipay.com，然后单击“免费注册”链接。

02. 打开下图所示的页面，有 3 种类型的注册方式可供选择，本例在“个人商家”区域单击“注册”按钮。

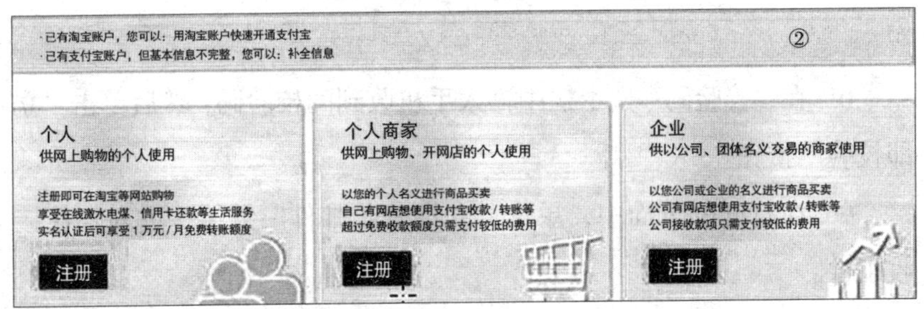

03. 在打开的页面中，根据要求填写注册信息，然后单击“同意以下协议并提交”按钮。

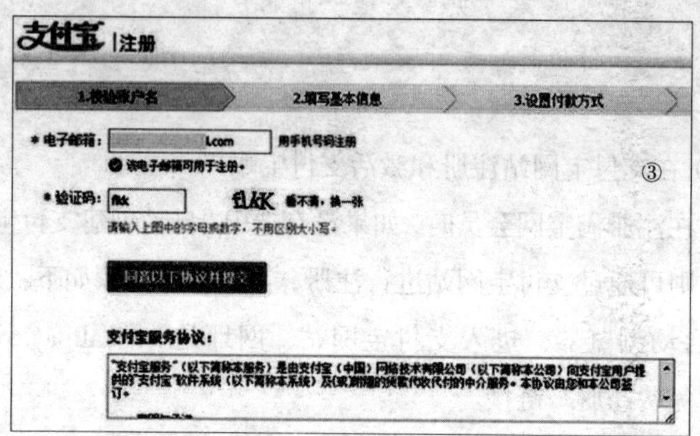

04. 在弹出的“验证账户信息”提示对话框中，输入手机号码，然后单击“获取校验码”按钮，接收校验码。

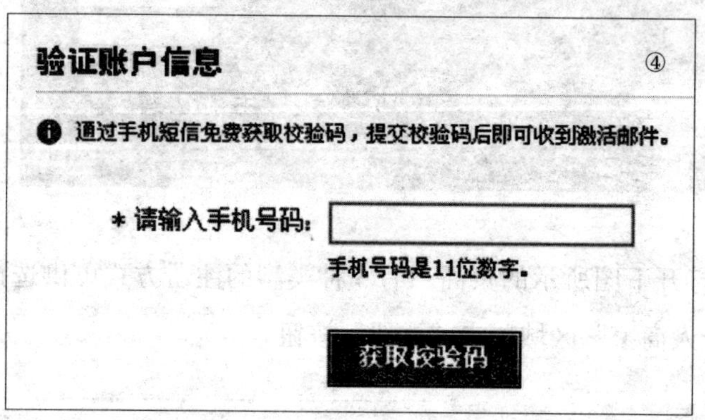

05. 在“校验码”文本框中输入手机收到的校验码，然后单击“立即校验”按钮。

06. 在打开的页面中，单击“立即查收邮件”链接，进入邮箱接收邮件。

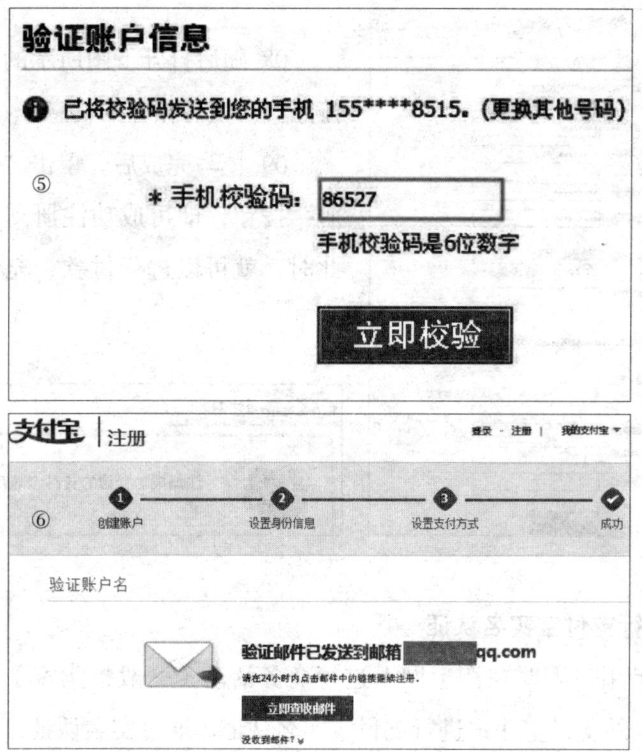

07. 进入步骤 03 中填写的邮箱，打开来自支付宝的邮件，单击“继续注册”按钮。

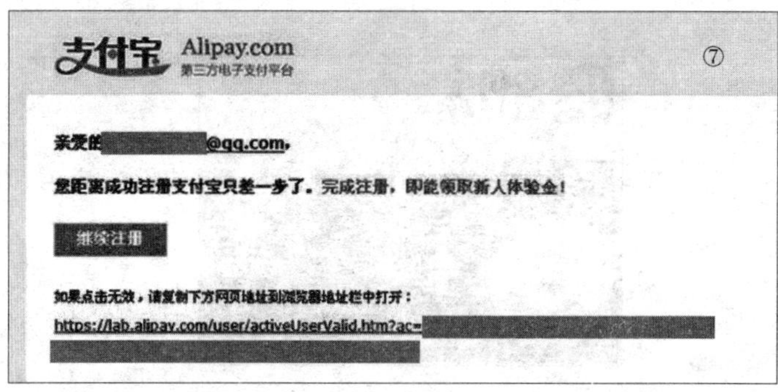

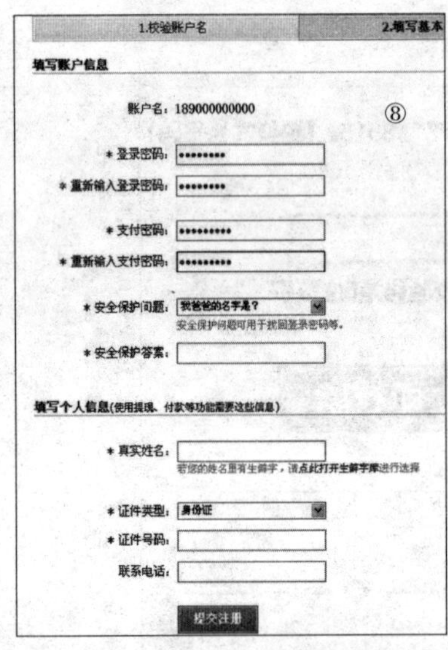

08. 随后打开下图所示的页面，按照要求填写相应的信息。

09. 填写完成后，单击“提交注册”按钮，即可成功注册支付宝。此时，就可以进行付款、充值等操作了。

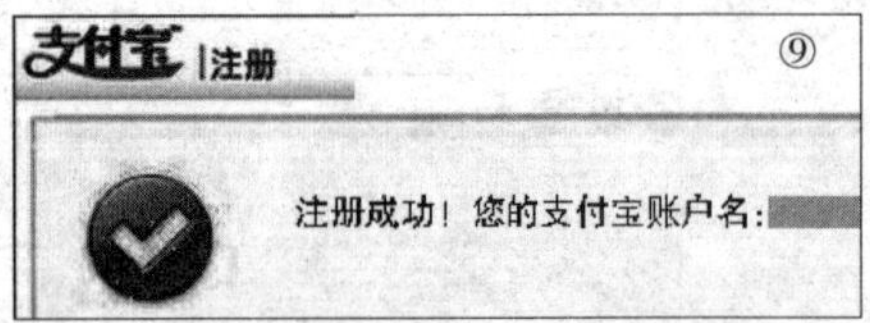

2.2.3 进行支付宝实名认证

如果用户需要在淘宝网上进行商务活动（一般指卖家），则需要对申请的支付宝账户进行支付宝实名认证。通过实名认证，就相当于拥有了一张互联网身份证，可以在淘宝网开店出售商品。其具体操作步骤如下：

（1）选择认证方式

01. 登录支付宝，进入账户设置。

02. 单击页面上的“基本信息”，找到“实名认证”，单击“立即认证”。

03. 进入认证界面之后，按照要求填写信息后，点击“确定”即可。

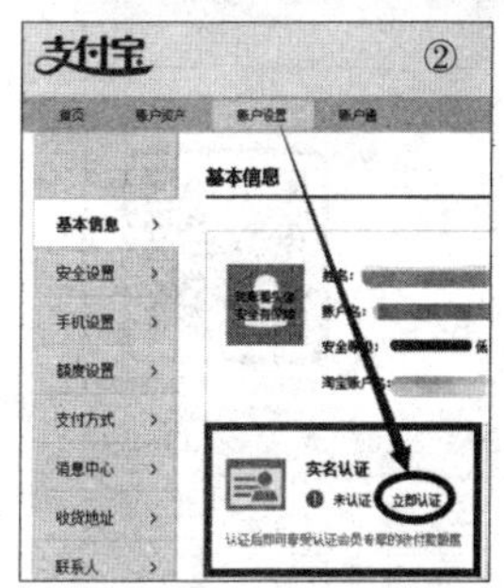

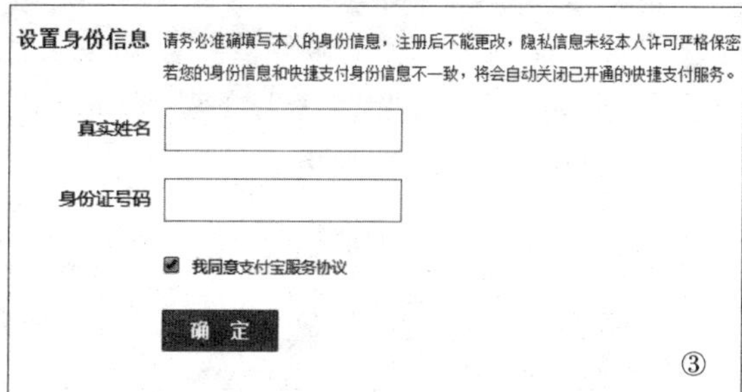

技巧提示

支付宝实名认证可以通过“支付宝卡通”和“通过其他方式”两种方式来进行实名认证。其中，“支付宝卡通”是淘宝网推荐的方式，并已面向多家银行开通，卖家开通“支付宝卡通”并完成激活，实名认证会及时完成。而如果卖家有中国工商银行、中国建设银行和招商银行等其中一家的银行账户，就可以选择“通过其他方式”来进行实名认证。

（2）银行卡绑定

由于支付宝属于第三方账户，卖家还需要将银行卡与支付宝账户绑定。

具体操作步骤是：点击“账户通”，进入“我的账户”，点击“添加银行卡”输入相应的信息，就可以进行绑定了，如下图所示。

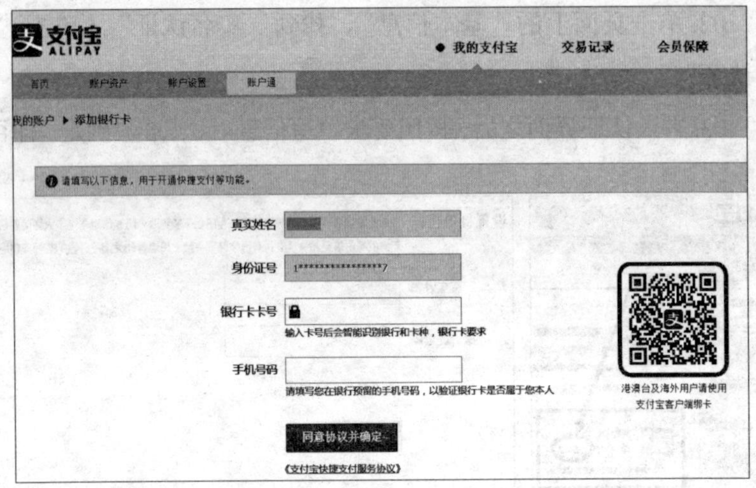

2.3 安装淘宝工具软件

为了与买家更方便地沟通交流，为了更好地管理店铺，卖家在成功注册淘宝网会员并开通支付宝后，可以下载并安装淘宝的必备聊天工具软件——阿里旺旺和店铺商品管理工具——淘宝助理。

2.3.1 安装阿里旺旺

阿里旺旺是淘宝网内的即时交流工具，非常方便买卖双方进行交流。另外，阿里旺旺上还有直接进入淘宝店铺和交易页面的快捷入口，更方便卖家进行管理。作为淘宝网开店的必备软件之一，阿里旺旺具有以下 4 个特点：

（1）随时联系客户，每一条信息都标记着卖家的在线状态，方便客户随时联系卖家。

（2）海量商机搜索，阿里旺旺淘宝版与阿里旺旺贸易通版可以互通聊天，以便卖家更好地开拓客源。

（3）系统功能丰富，具有文本聊天、动态表情、语音、视频、超大容量文件传输等多种功能，还可以通过关键字搜索、添加客户。

（4）多方商务洽谈，通过阿里旺旺还可以和同行业、客户等在一起分享生意经、沟通交流等。

下载及安装阿里旺旺的具体操作步骤如下：

01. 打开淘宝网首页，单击页面上方“网站导航”下的“阿里旺旺”链接，进入阿里旺旺下载页面，选择“卖家用户入口”进行下载。

02. 下载完成后，双击下载的安装程序，打开阿里旺旺安装向导对话框。

03. 单击“自定义安装”按钮，选择安装位置，选择目标文件夹后，单击“立即安装”按钮。

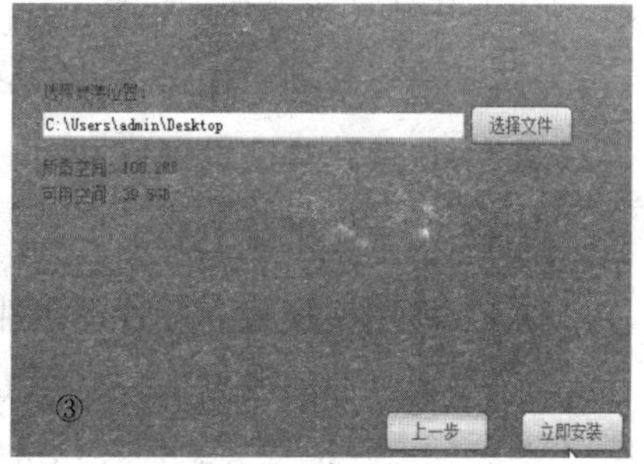

04. 安装结束后，单击“完成”按钮，桌面上即会出现“阿里旺旺”图标。双击该图标，出现登录阿里旺旺的界面，正确输入会员名

和密码，单击“登录”按钮即可登录，操作界面如图所示。

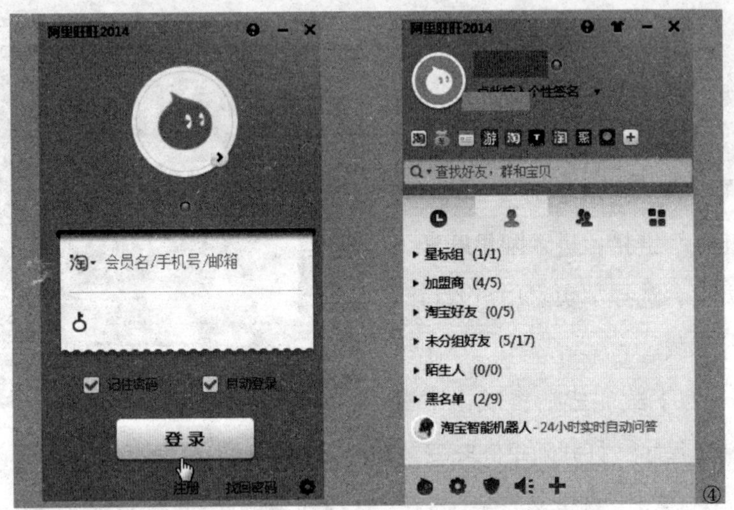

2.3.2 安装淘宝助理

淘宝助理是淘宝网为淘宝卖家量身打造的一款功能强大的店铺商品管理工具，使卖家不用登录淘宝网就可以管理店铺中的宝贝。淘宝助理主要具有如下几个特点：

（1）离线管理、编辑宝贝信息、上传宝贝等。

（2）快速建立宝贝销售页面。

（3）一次性批量上传宝贝。

（4）使用模板建立并管理多件商品档案。

（5）将常用的交易方式保存为模板。

下载和安装淘宝助理的具体操作步骤如下：

01. 打开淘宝网首页，单击页面上方的“服务中心”链接，进入服务中心页面。

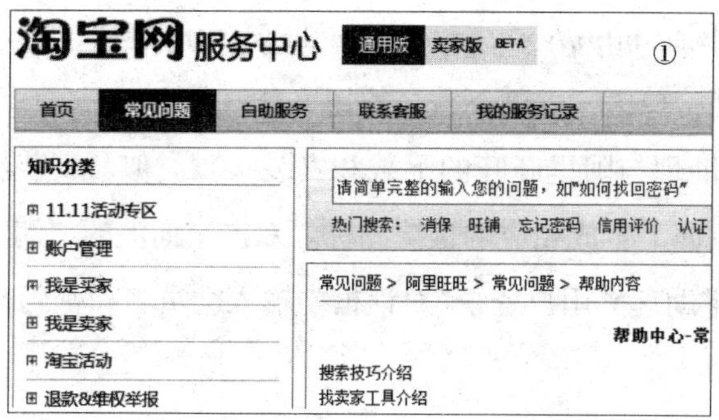

02. 展开页面左侧的“知识分类”列表下的“我是卖家”选项，并单击右侧“营销推广工具”链接。

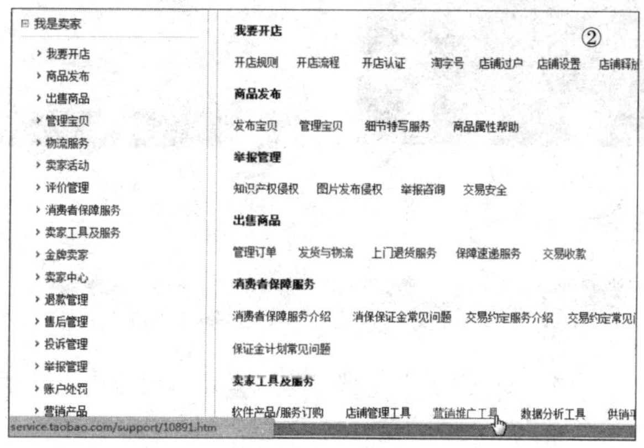

03. 单击“常见问题”链接，输入“淘宝助理”选项，进入淘宝助理介绍页面。

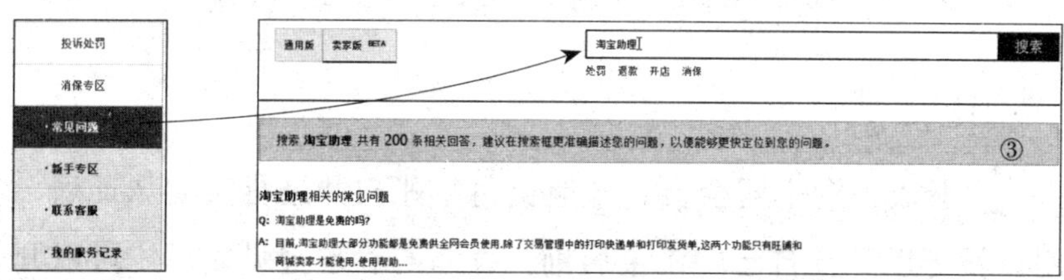

04. 单击网址 http://www.taobao.com/tbassistant/ 链接，进入淘宝助理的下载页面，单击“立刻下载”按钮下载该程序。

05. 淘宝助理与阿里旺旺的下载和安装步骤类似，安装成功后，系统自动在桌面上生成相应的快捷图标。双击桌面上的“淘宝助理”图标，在“淘宝助理—用户登录”对话框中输入会员名和密码，单击“登录”按钮。

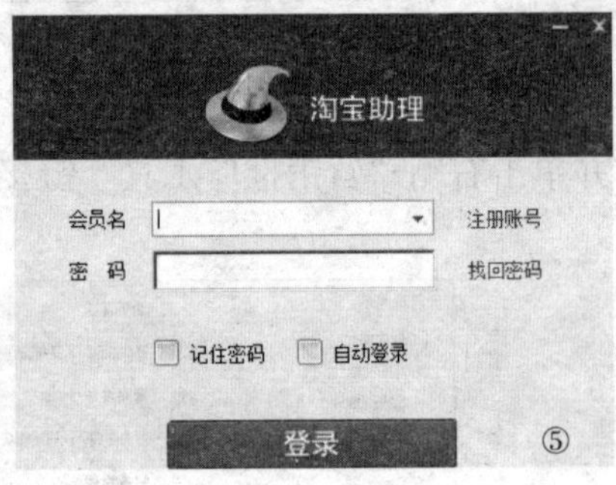

06. 功登录后，即可进入淘宝助理的操作界面。

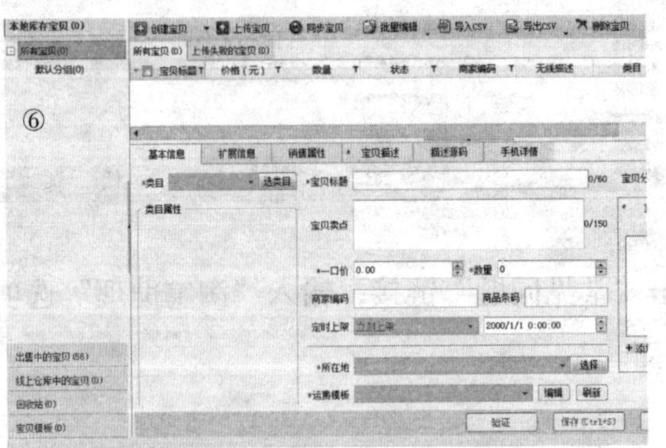

2.4 申请店铺

注册成为淘宝网会员，开通支付宝账户并进行实名认证后，用户就可以开设自己的淘宝店铺，发布与管理宝贝，总之可以开店做生意了。

2.4.1 网店起名

给自己的小店起名非常重要，因为一个好的店铺名字能够吸引更多的客户，增加网店流量，也就增加了成交的概率。给网店起名时应当注意包括以下几个原则：

（1）简洁易记

店铺名最好控制在 3 ~ 6 字，越简短越容易被人记住，越容易记住就越便于传播。另外还要针对商品的不同层次的消费人群，避免太多生僻字，使店铺名更易懂。

（2）朗朗上口

店铺的名称一定要响亮、上口，如语言通畅有韵味、符合消费者的心理需求、幽默或有内涵的名字，以增加店铺名的易记性，使其可以在消费者之间口口相传。

（3）独一无二

如果店铺名称跟其他店铺雷同的话就容易误导买家，非常不利于店铺的推广。因此，在起名之前也要做好调查工作，避免雷同。

（4）突出主营商品

通过店铺名称，清晰、明确地突出主营产品，使消费者能够一目了然地了解店铺的经营范围，从而进入店铺购买所需产品。

（5）具有消费特征

除了以上所说的 4 点，还有非常重要的一点就是店名要能体现店铺的消费特征。比如经营头饰的网店，如果从“从头做起饰品店”和“美丽饰品店”中选择，显然“从头做起饰品店”更胜一筹，因为“从头做起”点明所经营的是头饰，从而具有了更具体的消费特征，增加了顾客的购买欲。

2.4.2 申请店铺

目前，用户可以在淘宝网上免费申请属于自己的店铺，然后通过支付宝实名认证（非支付宝关联认证账户）并通过开店考试即可启用店铺。另外，一张身份证只能开一家店铺，而且不能够重复铺货式开店。

申请店铺的具体操作步骤如下：

01. 启动浏览器，登录自己的淘宝网账户，单击“卖家中心”链接。

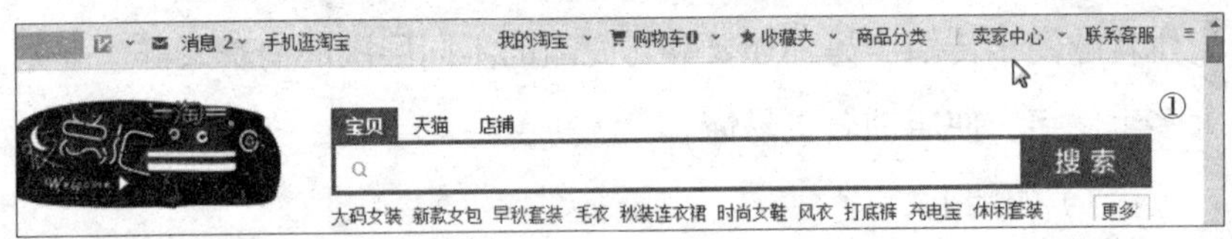

02. 进入卖家中心，单击“免费开店”链接，如下图所示。

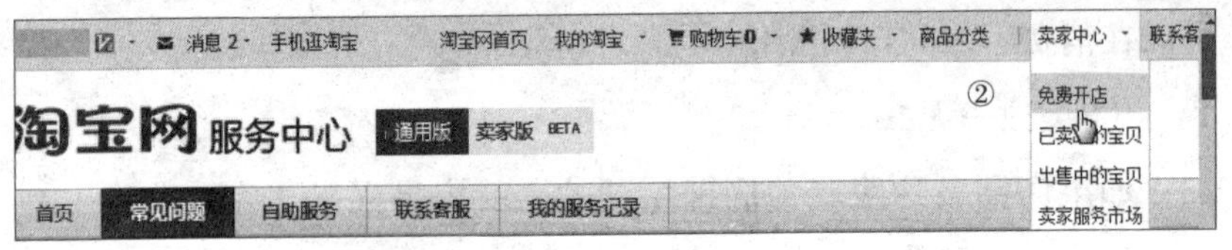

03. 在打开的页面根据自身情况选择开店的类型。

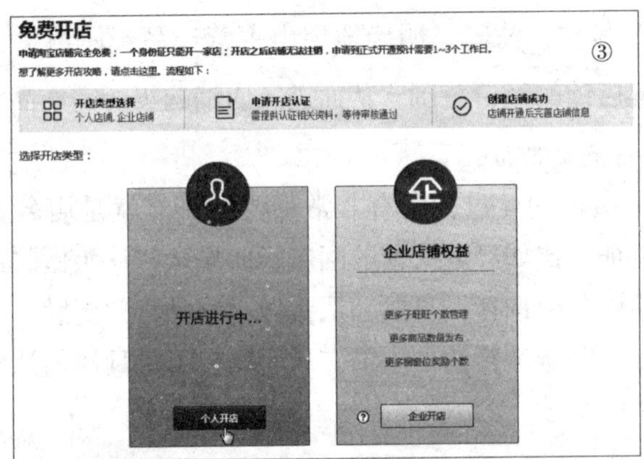

04. 当开店条件满足后，申请淘宝开店认证，点击“立即认证”按钮。

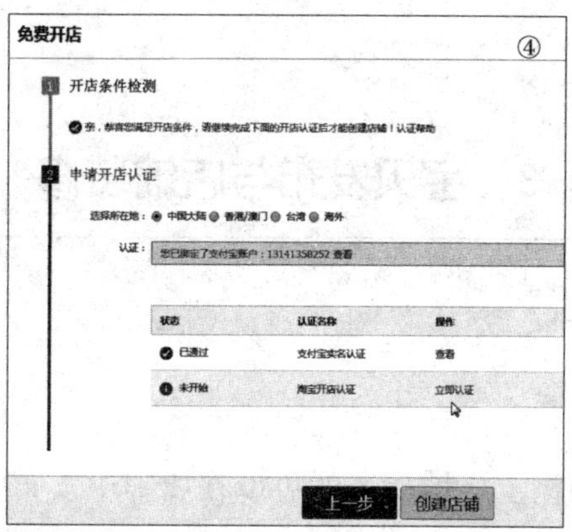

05. 接着会出现如下界面，根据系统页面的提示输入相关信息，并提交事先准备的手持证件照的照片，注意照片中的证件信息要清晰。填写好了之后点击“提交”按钮，等待淘宝审核。

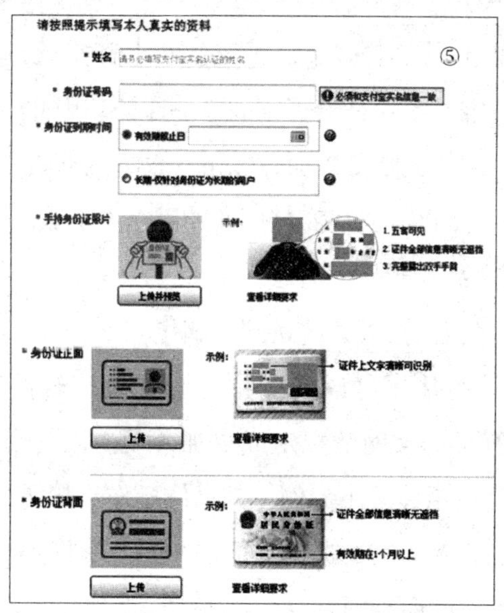

06. 审核通过之后，店铺就创建好了。

3 宝贝发布与店铺装修

3.1 发布宝贝

有了自己的淘宝店铺后，就可以在店铺中发布宝贝了。当然发布宝贝之前也要做好相关准备工作，如准备宝贝图片、给宝贝起一个好名字等。这些准备工作完成后就可按照需要以不同的方式发布宝贝了。

3.1.1 准备宝贝图片

在网上开店不同于实体店，买家基本上都是通过浏览宝贝图片来进行购物的，宝贝图片是给买家的第一印象，因此一定要美观、具有吸引力。宝贝图片通常可以通过以下 3 种方式获得：

（1）厂商直接提供或从商品厂商的网站上下载。

（2）扫描产品或产品手册。

（3）用数码相机拍摄并传送到电脑里。

获得的宝贝图片还可以通过一些图像处理软件对其进行适当的处理，使其符合淘宝网的规定或更加美观。以使用图像处理软件 Photoshop CS4 处理图片大小为例，其具体操作步骤如下：

01. 打开 Photoshop CS4 软件界面，选择“文件”→“打开”命令，打开需要调整大小的商品图片。

02. 选择“图像”→“图像大小”命令，在“图像大小”对话框中选中“约束比例”复选框，在“高度”文本框中输入适合的数值，此时宽度将自动调整，单击“确定”按钮。

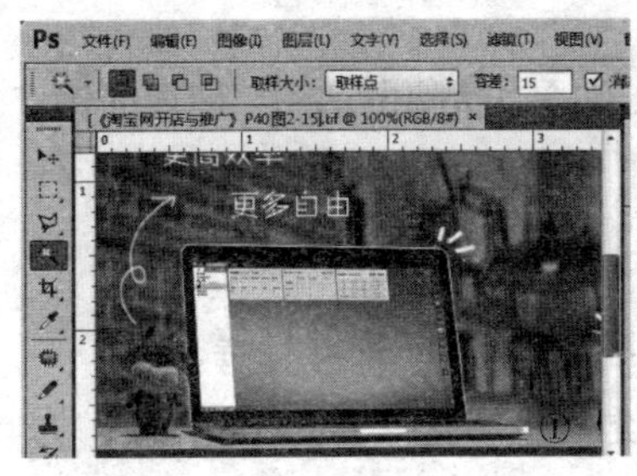

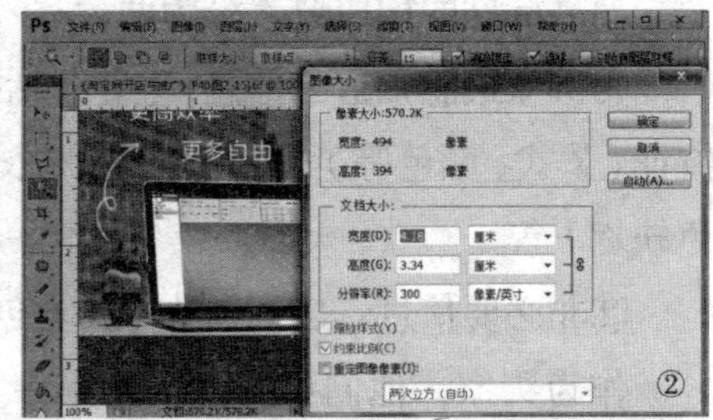

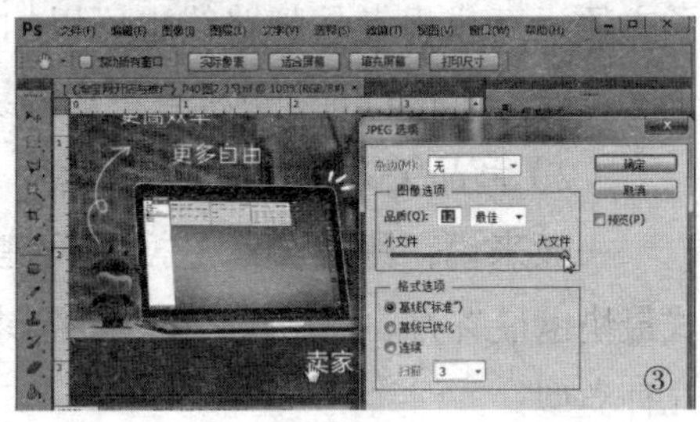

03. 选择“文件”→“存储为”命令，将图片储存到相应的文件夹中，并在弹出的“JPEG 选项”对话框中，拖动“图像选项”选项组中的滑块，将图片调整到不大于 120kB 的数值，其大小可以在滑块的右侧看到，单击“确定”按钮。

04. 用相同的方法处理其他商品照片。

技巧提示

淘宝网的宝贝图片大小限定在 120kB 以内；图片格式可以是 JPG 或 GIF 格式；图片尺寸建议设置为 500×500 像素。

3.1.2 给宝贝起名

宝贝的标题一定要具有吸引力才能够增加宝贝的点击率，这就需要符合两个要求：能够被买家搜索到、能够吸引买家点击宝贝。

按照淘宝网规定，宝贝名字需要控制在 60 个字符（30 个汉字）以内，也就是说，卖家要在这 60 个字符里大做文章，让买家能够搜索到并且点击自己的宝贝。

（1）商品标题构成要素

商品标题的构成要素分为两大类：

①买家最想知道的信息，主要包括（知名）品牌的名称、是否促销、特征（款式、颜色等）、货品种类（风衣、西装、卫衣）及特殊信息（红色缺货）等。

②非必要信息：店铺名称、（自创）品牌名称、货号等。

作为买家，他们更关注的是第一类信息，至于第二类信息，为了方便运营或想走品牌路线也可以加入。但是，一定要在规定的60个字符内，让我们的宝贝标题更加容易被搜索到、更加吸引人！

（2）商品关键字

一般来说，顾客会通过搜索关键字来寻找需要的商品，这种方式最快也最省力。根据顾客的消费需求和定位的区别，关键字有以下几种类型：

①属性关键字即商品的名称或俗称及其类别、规格、功用等介绍商品基本情况的字或者词。

②促销关键字指表示促销信息的字或者词，如清仓、甩卖、折扣、赠礼等。商品名称里若含有促销关键字往往可以很好地吸引到顾客。

③品牌关键字又分为商品品牌和店铺品牌两种，商品品牌关键字可以将更精确的搜索信息提供给消费者，而店铺品牌关键字则有利于店铺形象的口头宣传。

④评价关键字通常是指一些正面的、褒义的形容词，如皇冠信誉、百分百好评、市场热销等，对顾客产生一种心理暗示，引起他的购买欲望。

在商品发布的时候，商品名称可以由两种以上的关键字来进行组合，特别要注意的是，不管商品名称如何去设置，属性关键字一定要是其中一个重要的组成部分，因为这是消费者在搜索时首先会使用到的关键字类型。在容量能够满足的前提下，可以尽可能选用更多的关键字，扩大消费者搜索的范围，提高被他们发现的概率。

（3）商品描述

网络店铺不同于实体店铺，顾客无法通过触摸、试穿（试用）等方式直接了解商品，另外，很多顾客往往不会花费时间去联系卖家，问个不停。因此，可能会有诸多疑问都无法快速解决。所以，商品描述要尽可能的详细，才会更受欢迎和信任。

商品描述有以下几点需要注意：

①商品描述一定要精美、全面，要概括商品的内容、相关属性，如果加上使用方法和注意事项的描述就更好了，更显贴心。

②同时为了直观性，商品描述除了使用文字外，还需使用图像、表格，采用 3 种形式结合来描述，可增加其直观性，也就增加了购买的可能性。

③商品描述结束应注明如联系方式、交易方式、优惠策略、相关网站等卖家相关信息。

④在商品描述中还能够加入相关推荐商品，如本店的搭配商品、同类商品等，商品销售 1+1，可以更好地宣传、推广商品。

⑤可用自拍清晰图片来描述商品。除了用文字描述商品，放一张清晰的、有层次的图片（最好是自拍商品的实物图）来描述商品会更直观、形象，更能吸引顾客的关注。

技巧提示

利用图片来描述商品时最好多用几张从不同角度拍摄或展现商品细节的照片，同时还要注明商品的材质、尺寸、颜色等基本信息，要尽可能地让买家可以通过图片来全面地了解商品。

3.1.3 发布宝贝

做好发布宝贝前的准备工作后就可以在店铺中发布宝贝了，宝贝的发布有一口价、拍卖和个人闲置 3 种宝贝发布方式。

一口价：卖家所出售宝贝的价格是固定的，拍下价格即为成交价格。

拍卖：卖家通过设置宝贝起拍价、加价幅度来出售宝贝，拍卖结束后的价格为成交价格。拍卖又有单件拍和荷兰拍两种方式。

个人闲置：便于二手闲置商品的出售。以这种方式发布的商品会在淘宝跳蚤街出现。

1. 发布一口价宝贝

通过支付宝实名认证的卖家可以以一口价的方式发布全新宝贝，如果还未通过支付宝实名认证的卖家就只能发布二手与闲置宝贝。

发布一口价宝贝的具体操作步骤如下：

01. 登录淘宝网，进入卖家中心，单击左侧“宝贝管理”分类下的“发布宝贝”链接，打开发布宝贝页面。

02. 在打开的页面中，单击“一口价”按钮，选择一口价的发布方式。

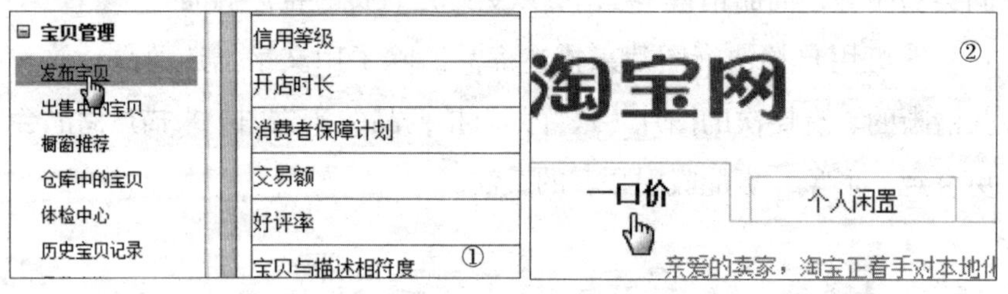

03. 继续选择要发布商品所在的类目，然后单击“我已阅读以下规则，现在发布宝贝”按钮去发布宝贝。

04. 在打开的“宝贝基本信息”页面中，根据要求填写宝贝基本信息，如下图所示，包括宝贝类型、品牌、货号和风格等。

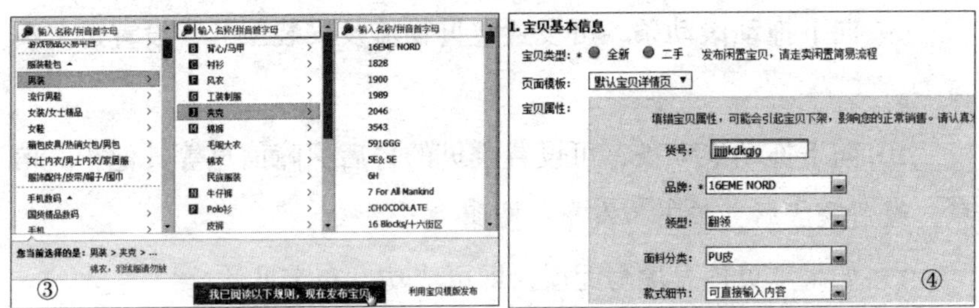

05. 向下拖动滚动条继续设置宝贝标题、一口价和颜色分类等。

06. 向下拖动滚动条，继续设置宝贝的尺寸，并设置不同尺寸的价格、数量和商家编码等参数，如下图所示。

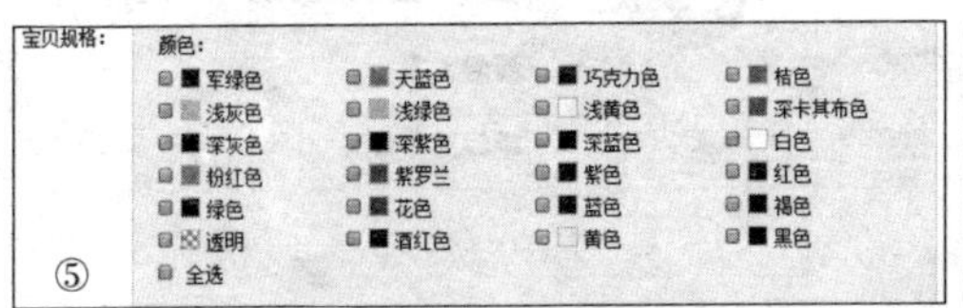

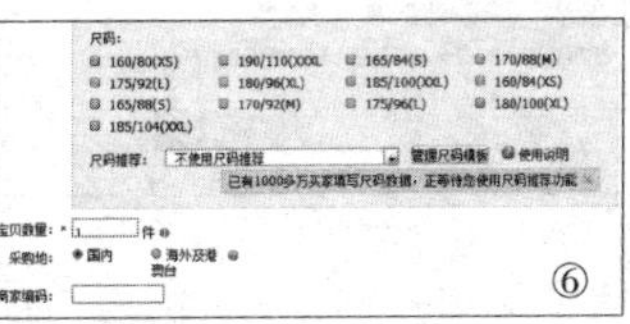

07. 向下拖动滚动条，设置宝贝的主展示图片。单击从图片空间选择链接，可直接从图片空间插入宝贝图片，如下图所示。

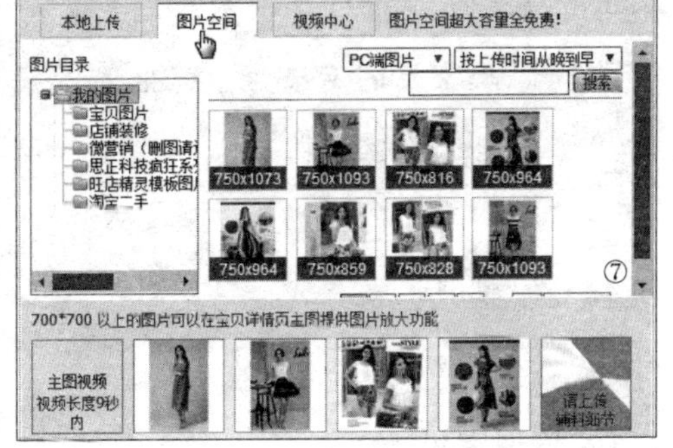

08. 向下拖动滚动条，可设置宝贝描述文字，单击“插入图片”按钮，可插入图片。

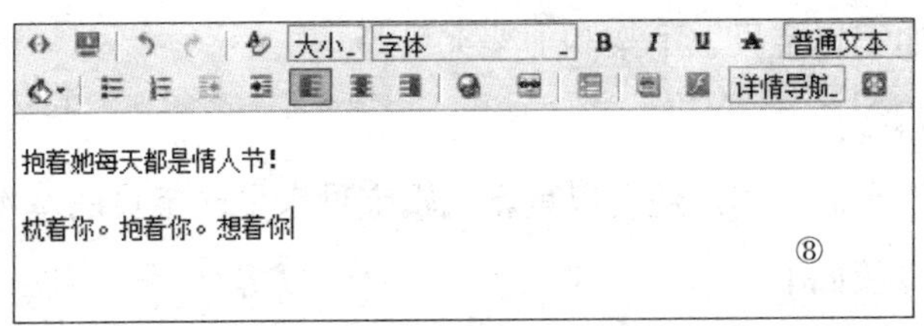

09. 向下拖动滚动条，可设置宝贝物流及安装服务，设置运费模板等。

10. 向下拖动滚动条，可设置宝贝的售后保障信息等其他相关信息，设置完成后，单击“发布”按钮。

11. 如果宝贝信息填写无误，即可成功发布宝贝。

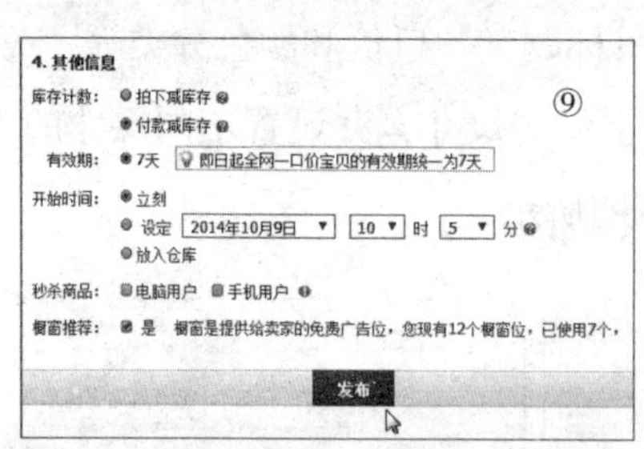

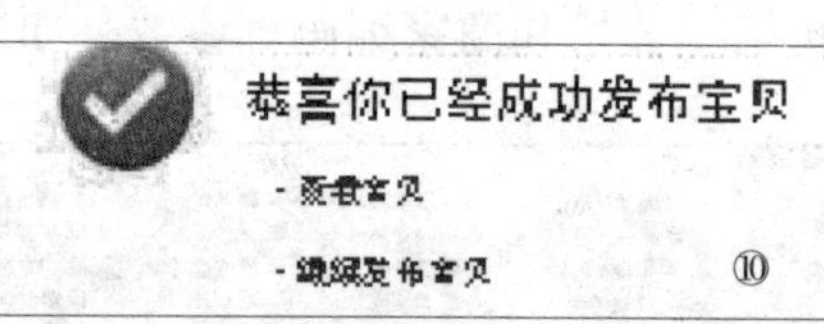

技巧提示

掌柜发布的商品的有效期是7天（或14天），不能在出售期间修改宝贝的有效期，只能等下架后才能更改。自2010年9月2日起，淘宝网推出自动上架和取消宝贝到期下架的功能，虽然掌柜发布的商品是7天（或14天）有效期，但不影响搜索排序的规则。

3.1.4 管理宝贝

将宝贝上传到店铺后，可以通过卖家中心的后台管理页面来管理宝贝，如编辑宝贝、下架和上架宝贝等。

1. 编辑宝贝

宝贝发布后，用户还可以重新编辑宝贝来更改宝贝的基本信息，具体操作步骤如下：

01.登录淘宝网，进入卖家中心，单击左侧"宝贝管理"分类下的"出售中的宝贝"链接，打开出售中的宝贝列表界面。

02.单击要编辑的宝贝后方的"编辑宝贝"链接，进入宝贝编辑页面。

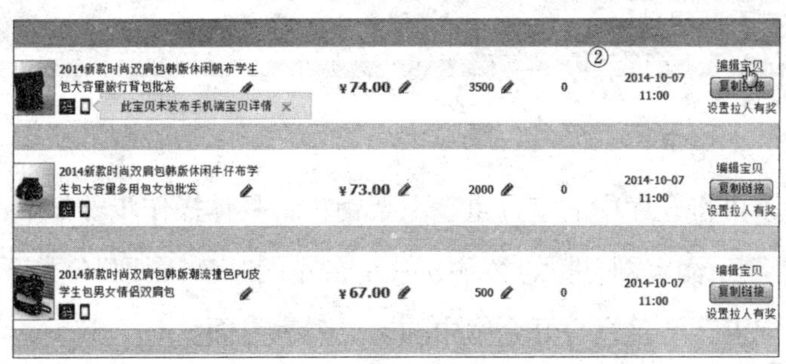

03.编辑完成后，单击"确认"按钮，可重新发布编辑后的宝贝。

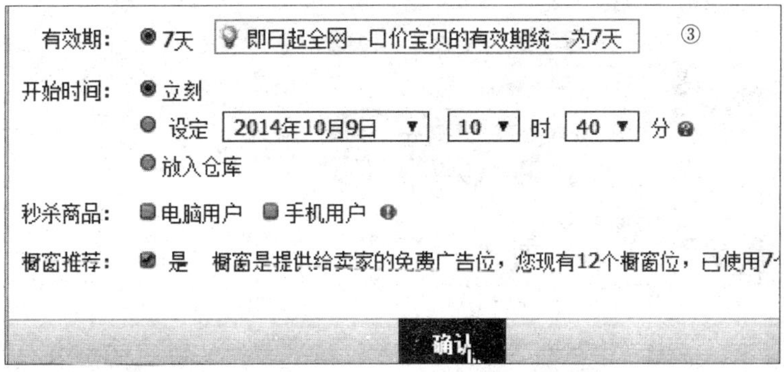

2.下架宝贝

若是宝贝销售完了或暂时缺货，此时要将宝贝下架，具体操作步骤如下：

01.登录淘宝网，进入卖家中心，单击左侧"宝贝管理"分类下的"出售中的宝贝"链接，打开出售中的宝贝列表界面。

02. 选中要下架的宝贝前方的复选框，然后单击“下架”按钮，即可将选中宝贝下架，下架后的宝贝将被存放在仓库中。

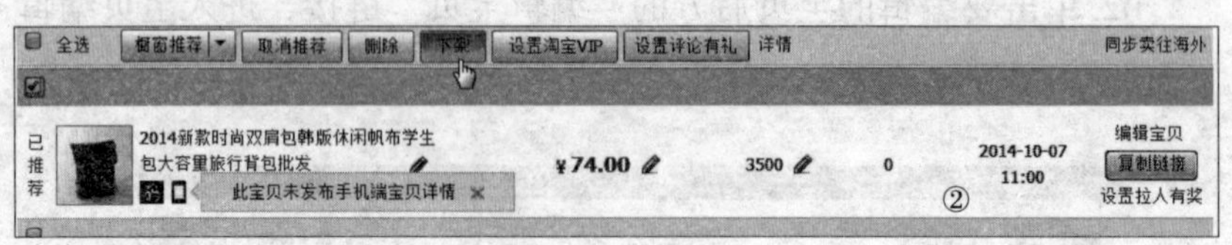

3. 上架宝贝

卖家可将仓库中的宝贝重新上架销售，具体操作步骤如下：

01. 登录淘宝网，进入卖家中心，单击左侧“宝贝管理”分类下的“仓库中的宝贝”链接，打开仓库中的宝贝列表界面。

02. 选中要上架的宝贝前方的复选框，然后单击“上架”按钮，即可将选中的宝贝上架，上架后的宝贝将会出现在“出售中的宝贝”列表中。

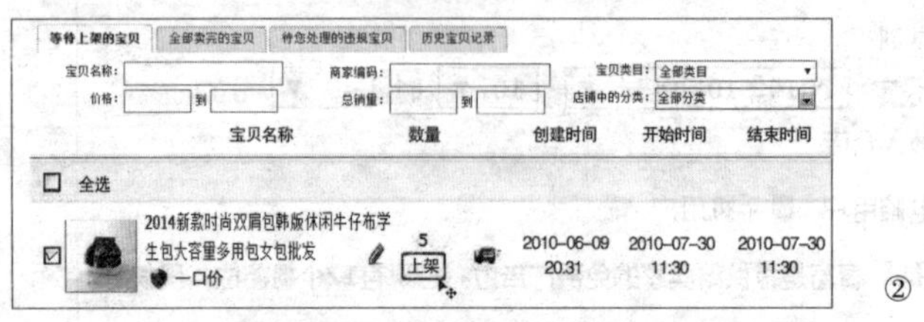

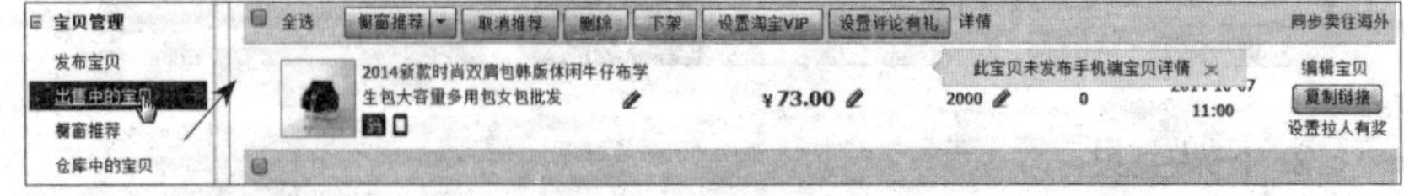

3.2 店铺的快速装修

虽然网店是虚拟的店铺，店面的装修也不可忽略，精致、美观的店铺装修可以有效地吸引买家，开发潜在客户。店铺的快速装修主要包括选择店铺风格、设置特色店标、制作店铺公告和设置宝贝分类等。

3.2.1 选择店铺风格

店铺风格是店铺给人的直观印象，选择适合自己的店铺风格非常重要。店铺风格主要是通过店铺的背景颜色和元素基调来确定的，设置店铺风格的具体操作步骤如下：

01. 登录淘宝网并进入卖家中心，单击左侧“店铺管理”分类下的“店铺装修”链接。

02. 在打开的“店铺装修”页面中，选择“装修”/“模板管理”，选择一种自己喜欢的模板。

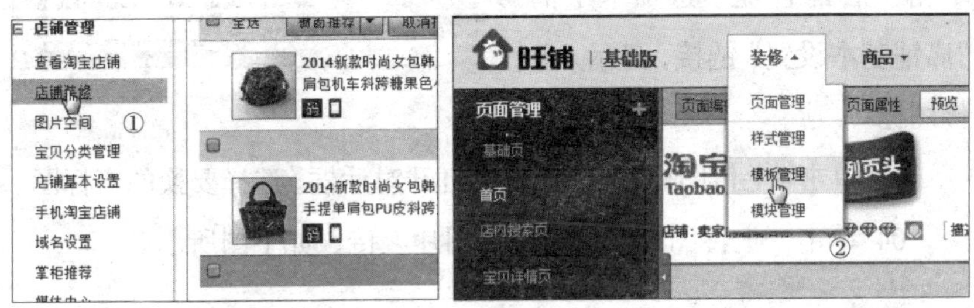

03. 单击“应用”按钮，将模板应用到店铺中，然后单击页面右上角的“查看我的店铺”链接，即可查看应用模板后的效果。

3.2.2 设置特色店标

对于一个网店来说，店标就相当于店铺的名片，是店铺的灵魂所在。一个优秀的店标需要具备识别性、特异性、内涵性及整体形象规划（结构性）等要素。

设置店标的具体操作步骤如下：

01. 使用能够熟练操作的图像设计软件制作一张符合要求的图片。

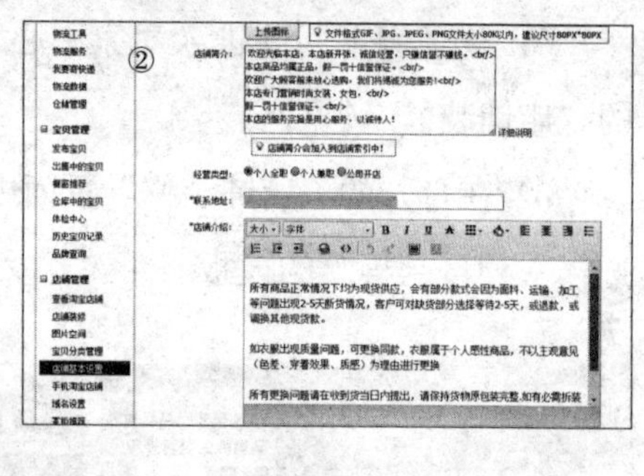

02. 登录“我的淘宝”页面，单击“店铺管理”选项卡下的“店铺基本设置”链接，显示“上传图标”。

03. 单击“上传图标”按钮，弹出打开对话框，选择要换的店标图。

04. 单击“上传图标”按钮，将图片上传，如下图所示。

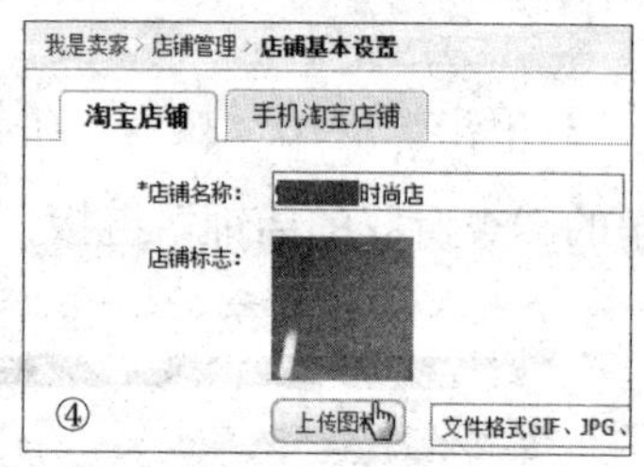

3.2.3 设置掌柜推荐宝贝

店铺推荐宝贝不仅会出现在店铺商品陈列区的最上部，还会出现在每个宝贝页面的底部，或者在店铺最中间的推荐位上，也将会出现在阿里旺旺对话框的推荐宝贝中，这样就大大增加了它的曝光机会，增加其浏览量。店铺中宝贝推荐又分为橱窗推荐和掌柜推荐。

店铺推荐宝贝数量有 6 件（旺铺有 16 件），设置掌柜推荐宝贝的具体操作步骤如下：

01. 登录淘宝网并进入卖家中心，单击左侧“店铺管理”分类下的“掌柜推荐”链接。

02. 进入店铺装修的后台操作界面，单击“掌柜推荐宝贝”模块右上角的“编辑”链接。

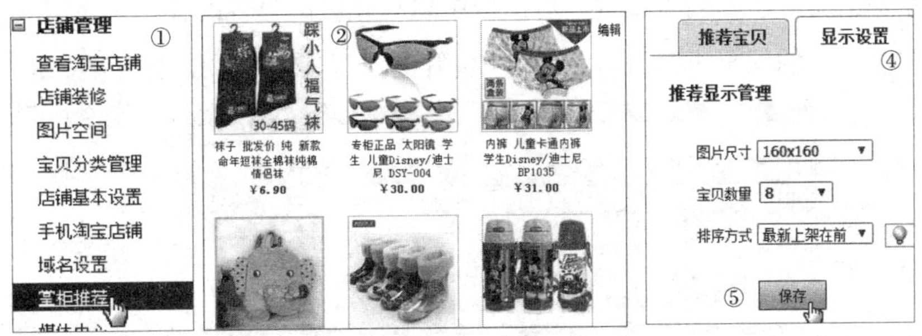

03. 打开推荐宝贝的设置页面，单击宝贝名称后方的“推荐”链接，可将该宝贝设置为掌柜推荐宝贝，单击宝贝名称后方的“删除”链接，可取消该宝贝的推荐。被推荐的宝贝将显示在“掌柜推荐宝贝”模块中。

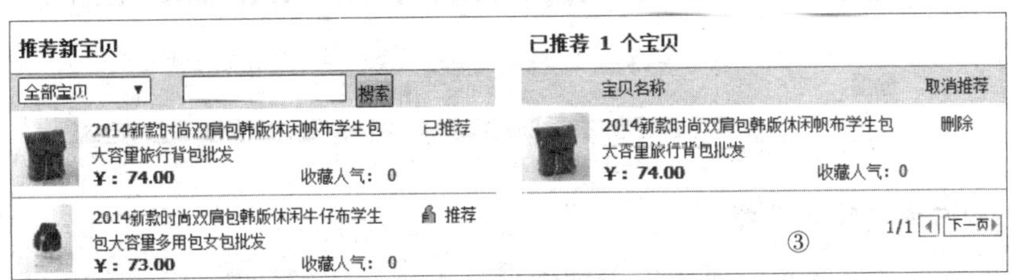

04. 在打开的页面中，单击“显示设置”标签，切换至“显示设置”选项卡，在该选项卡中可以设置“掌柜推荐宝贝”模块中的图片尺寸、宝贝数量和排序方式。

05. 设置完成后，单击“保存”按钮，完成设置。

3.2.4 设置店铺公告

设置店铺公告也是吸引顾客的有效途径，公告可以包括各种优惠活动、店铺特色等信息，设置店铺公告的具体操作步骤如下：

01. 登录淘宝网并进入卖家中心，单击左侧“店铺管理”分类下的“店铺装修”链接。

02. 进入“店铺装修”页面，单击“店铺公告”栏处的“编辑”链接，在弹出的“店铺公告设置”对话框中填写相应的公告内容，并使用文本框上方的编辑工具进行字体、颜色等的设置，然后单击“保存”按钮。

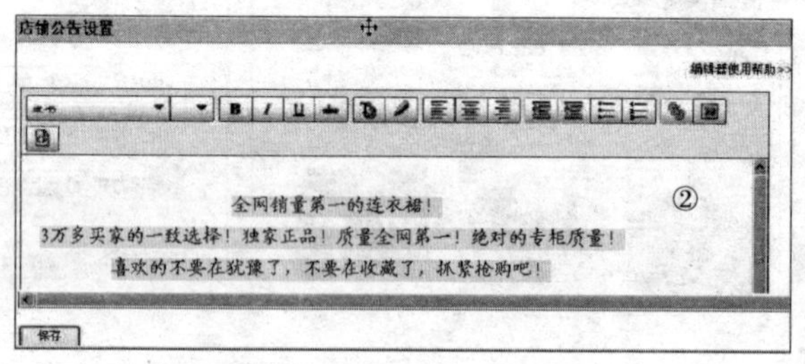

03. 返回“店铺装修”页面，此时“店铺公告”中即可显示出设置好的文字。

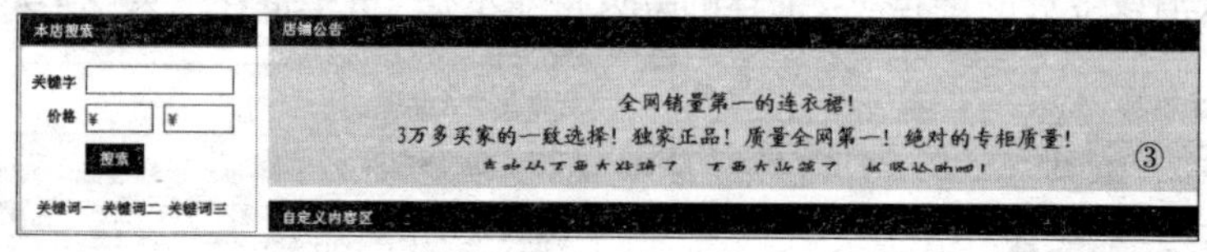

3.2.5 设置宝贝分类

为了方便买家快速搜索到宝贝，也为了店铺的整齐、美观，卖家可以根据需要设置宝贝分类，具体步骤如下：

01. 登录淘宝网并进入卖家中心，单击左侧“店铺管理”分类下的“宝贝分类管理”链接，进入“宝贝分类管理”页面。

02. 单击“添加手工分类”按钮。

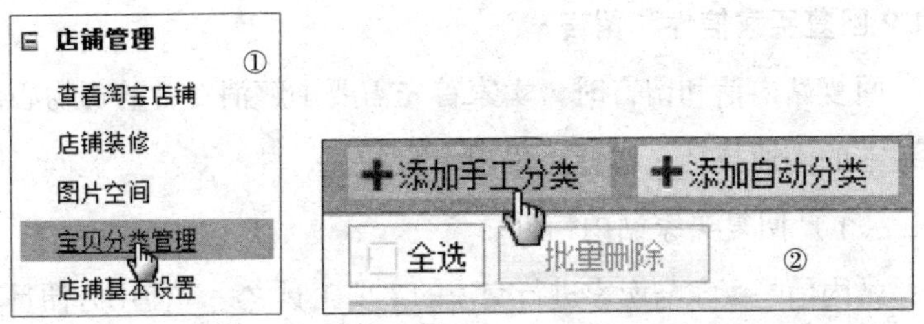

03. 随即弹出分类条，在“分类名称”文本框中填写要分类的名称，如填写“上衣”。

04. 如果要添加该分类的下属子分类，则单击下面的“添加子分类”按钮，会在“分类名称”文本框下方弹出一个新的文本框，在其中添加内容即可，这里填写“风衣”。

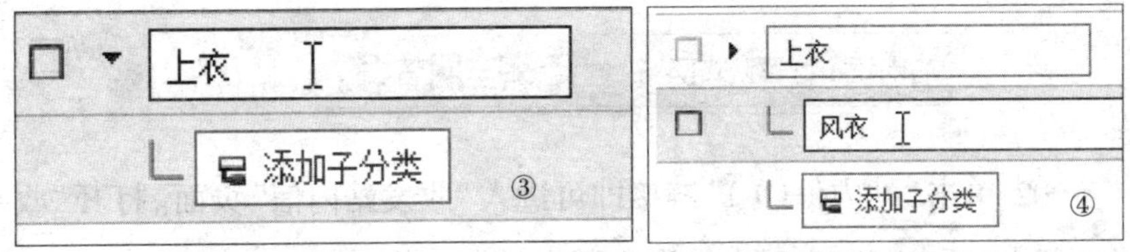

05. 按照同样的方法，单击“添加新分类”按钮或“添加子分类”按钮，添加更多的分类或子分类，然后单击“保存”按钮。

4 完成第一笔交易

4.1 与买家交流

在网上开店不同于实体店，虽然有宝贝描述和宝贝图片，但是买家在决定购买之前可能还会有一些疑问，这个时候就需要跟卖家交流。

4.1.2 回复买家信件和留言

回复站内信和留言时，卖家首先需要了解消费者的购物心理及一些基本的沟通技巧，以便可以应对自如。

（1）回复买家站内信件

站内信是买家与卖家进行交流的主要工具之一，使用方便且其收发的信息安全、不易丢失，一些重要信息的收发可以采用此方式。

①查看站内信。卖家登录到淘宝网后，首先要关注一下是否有站内信，一旦发现有新信件就要及时查看并回复，查看站内信的具体操作步骤如下：

01. 登录淘宝网，此时页面左上方将会显示站内信的数量，如“站内信（1）”，如下图所示。

站内信(1) 消息 1 ▾ 淘宝网首页

①

02. 单击“站内信（1）”链接即可进入“收发站内信”页面。打开“收件夹”选项卡可以查看来自淘宝用户的站内信，如图所示。

03. 单击信件标题即可查看信件内容。

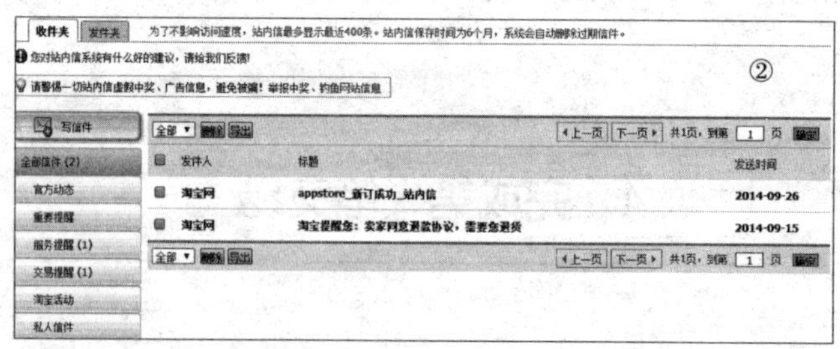

②

②回复站内信。查看站内信后，如果是买家发来的咨询信息，卖家可以对其进行回复，具体操作步骤如下：

01. 打开站内信进行查看，如图所示，单击“回复该邮件”按钮。

02. 输入回复内容，输入正确的“校验码”，再单击“发表”按钮即可。

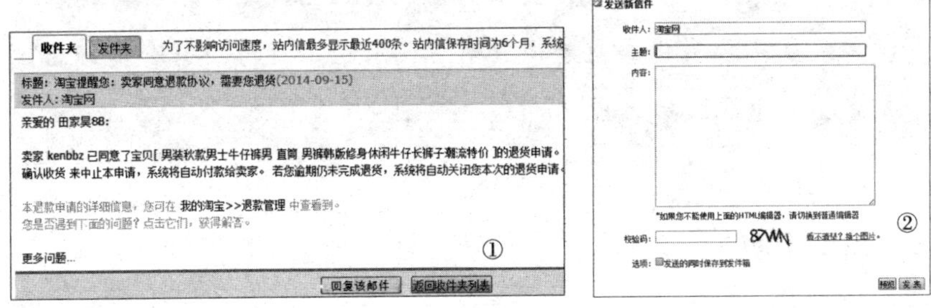

（2）回复店铺交流区的买家留言

店铺交流区不仅是卖家与买家沟通的平台，也可以起到很好的广告作用，带来更多商机，因此，卖家在回复买家在店铺交流区的留言时要非常认真以促进商品的销售，其具体操作步骤如下：

01. 进入“我的淘宝”页面，单击“我的店铺”链接。

02. 打开店铺页面，在“交流区”中，单击“全部帖子”链接，单击留言标题查看详情。

03. 填写回复内容单击“确定”即可，过一段时间即可在店铺页面下方看到买家的帖子内容和卖家的回复，如图所示。

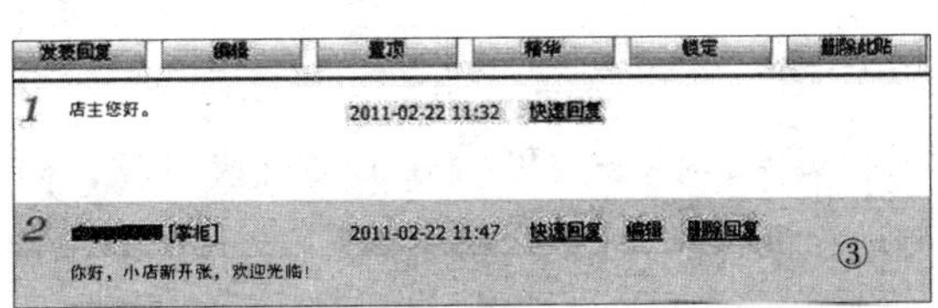

技巧提示

“顾客就是上帝”，经营网店的卖家及客服人员在回复买家留言或与买家聊天时，要注意控制自己的情绪，不要与顾客争辩，更不要有侮辱或者威胁对方的言论。要与买家有良好的交流，以争取成功交易。

4.2 拍下宝贝

卖家在交易过程中一定要严格按照淘宝的交易流程进行操作，只有在买家成功付款到支付宝后才可以发货，以免造成不必要的损失。

4.2.1 确认买家付款

确认买家付款的具体操作步骤如下：

01. 进入“我的淘宝”页面，单击页面左侧“我是卖家”下面的“已卖出的宝贝”链接。

02. 进入“已卖出的宝贝”页面，在交易状态中显示着宝贝是否已经付款，如图①所示为等待买家付款状态，图②所示为买家付款后的状态。

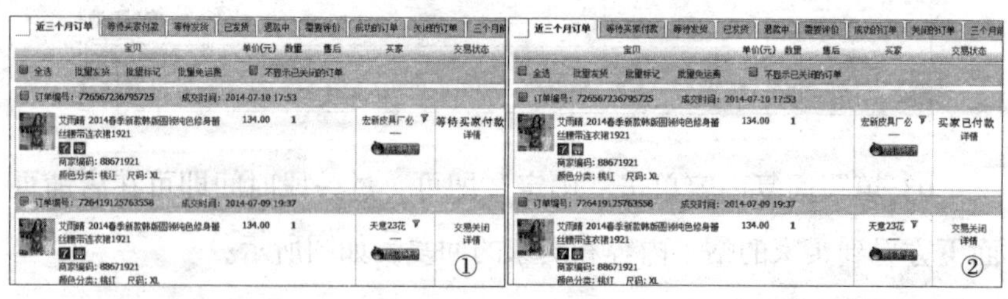

4.2.2 修改宝贝价格

一些精明的买家，拍下宝贝后并不会直接付款，而是会找卖家讨价还价，以得到更大的优惠。经协商后，若是卖家同意降价，则需要修改最初的价格，其具体操作步骤如下：

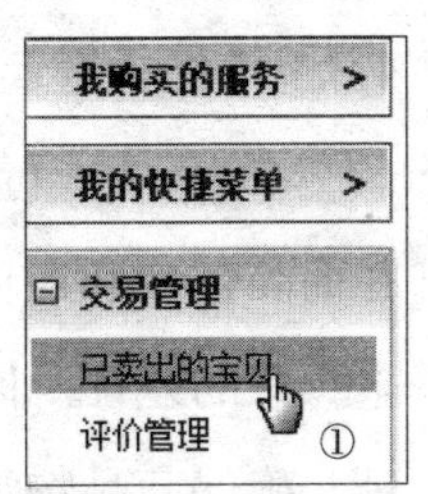

01. 登录淘宝网，进入卖家中心，在左侧的“交易管理”分类中单击“已卖出的宝贝”链接。

02. 打开已卖出宝贝列表页面，查看卖出宝贝情况。然后单击交易记录右侧的“修改价格”链接。

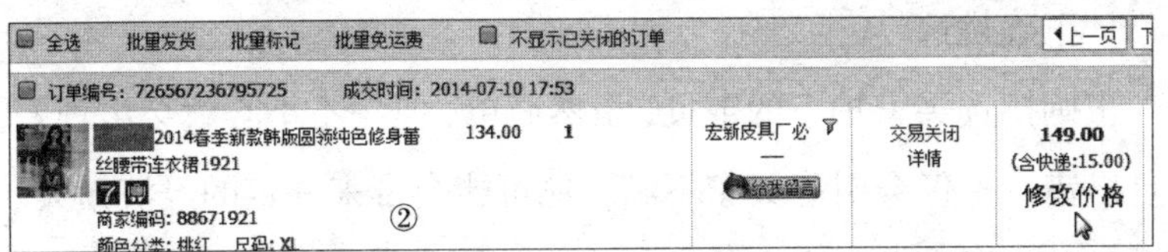

03. 打开下图所示的对话框，在“涨价或折扣”文本框中输入调动的价格范围，负数代表折扣，如输入“–0.30”，然后单击“确定”按钮，即可修改价格。

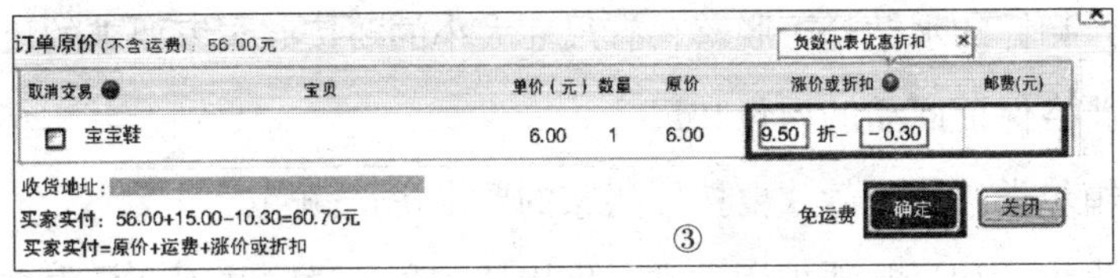

04. 修改价格后，在页面中会显示修改后的宝贝价格。

技巧提示

步骤03中，直接单击“免运费”链接，可将运费自动减掉。

4.3 发货

买家成功付款后，宝贝的交易状态就会变为“买家已付款，等待卖家发货”，这个时候卖家就可以发货给买家了。需要注意的是，在发货前，卖家必须要仔细检查商品，以免出错。

4.3.1 仔细检查商品

对商品进行必要的包装是卖家在发货前的一项重要工作。如果在商品包装和运输途中出现差池，就有可能引起买家的不满，甚至招来买家的差评。因此，在商品包装前，卖家要注意一些细节问题的处理，确保商品物流的万无一失。

1. 正确挑选

正确挑选买家拍下的宝贝，虽然简单，但一不小心就会出现差错。一旦出错，不仅会引起买家不满，还可能会带来一定的经济损失。

经营不同商品的卖家在挑选时的注意事项也不尽相同。

服装类：服装类主要需要注意挑选买家要求的款式、颜色、尺码等。

饰品类：最重要的是仔细检查饰品的质量，如腰带的扣子是否损坏，胸针的水钻是否脱落，有尺寸大小的要按照买家要求的尺寸挑选，严格保证商品的质量和尺寸。

箱包类：同一款式要按照买家的要求挑选颜色。

化妆品和日常洗护用品类：化妆品的产品说明并不全是中文的，也有英文、韩文和日文的，一些外形相似的就容易混淆，在挑选时要仔细鉴别。

2. 避免漏配

除了挑选错误外，漏配现象则更容易发生，尤其是卖家在促销等情况下一次性售出多件商品时更易发生，这样同样会引起顾客的不满，补发的时候又要再次承担运费。

为了避免漏配，卖家需要注意以下几点：

（1）认真核对及配货。先根据订单仔细核对买家购买的商品及数量，然后将商品配齐。

（2）不要忘记赠品。卖家答应给买家的赠品一定要到位，尤其是一些小赠品，非常容易遗忘。

（3）注意说明书、保修卡及配件。这一条主要是针对如手机、数码产品及小家电等，说明书、保修卡及配件对顾客的使用非常重要，一定要随单配发。

4.3.2 商品的包装与物流的选择

挑选好商品后，卖家就可以给商品打包，然后根据实际需要选择物流发货。

1. 包装材料的选择

卖家在给商品进行打包时，一方面要保证商品在物流运输过程中不会损坏，另一方面也要兼顾美观性。

如果是怕挤怕压的物品，如包包、瓷器等，可以采用纸盒包装，还要在物品底部和四周用废报纸、泡沫、充气塑料袋等填充，以防受损。

如果是比较柔软的物品，如服装、床上用品等，可以采用布袋或者塑料袋进行包装，并在里面加层软纸或软塑料袋密封，降低成本的同时也会起到一定的保护作用。

对于书籍、杂志、海报等可以采用牛皮纸包装，如果是怕折的字画和海报则可以选择卷起来装入圆管内，以防损坏。

总而言之，不同的商品要选择不同的包装材料，既可以有效地保护商品，又可以降低成本，还可以兼顾美观。

2. 选择适合自己的物流公司

在发货时，应根据自己的情况，结合买家的要求，选择合适的物流，卖家在选择快递公司时应注意以下几点：

（1）是否是本地经过正规注册的规模较大的快递公司。

（2）口碑如何。

（3）网点是不是足够多。

（4）是否可以来店里取货。

（5）赔偿金额和保单是否合理。

另外，除了价格和服务质量因素外，选择发货物流还要考虑下面几点：

（1）普通快递到达不了的地方，建议使用通达全国范围的邮政服务；如果买家同时还要求保证速度，可以选择邮政特快专递 EMS 服务或者 e 邮宝服务。

（2）体积较大超过 10kg 以上的货物适合用如中铁、宅急送等零担货运公司，既可靠又便宜。

（3）如果你的店铺只发上海、广州等经济发达的城市，可以考虑使用一些有实力的外资快递公司，如 TNT、DHL 等，他们的速度和服务都有保障，但是费用较高。

（4）如果需要送货上门服务，那么只能从邮政快递或者其他的快递公司中选择，如果只是同城售卖，也可以配备专门的送货人员。

4.4 评价买家

买家确认收到宝贝，并同意支付宝给卖家打款后，买卖双方就可以真实、客观地为对方做出评价了。良好的信用评价是提高买卖双方信誉的非常重要的一方面。

4.4.1 评价买家

卖家可以根据实际情况对买家做出评价，评价分为好评、中评和差评 3 种。评价买家的具体操作步骤如下：

01. 登录淘宝网，进入卖家中心，在左侧的“交易管理”分类中单击“已卖出的宝贝”链接。

02. 打开已卖出的宝贝列表页面，在交易成功的宝贝后方单击“评价”链接。

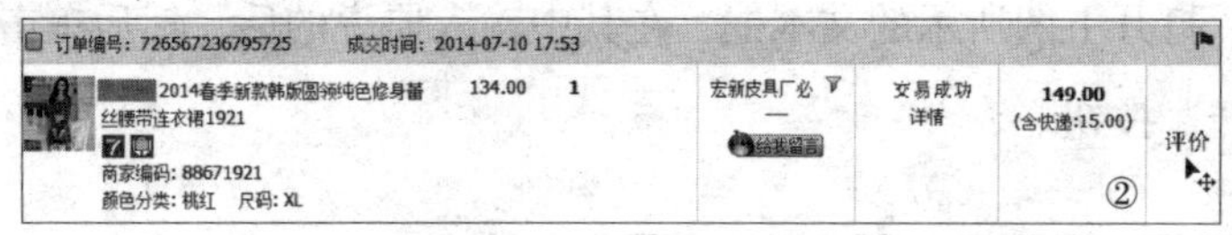

03. 打开下图所示的评价页面，如要给买家好评，可选中 单选按钮，在其下的文本框中输入评价内容，然后单击“提交评论”按钮，即可成功评价买家。

04. 双方互评后，需要 30 分钟后才能查看评价内容。

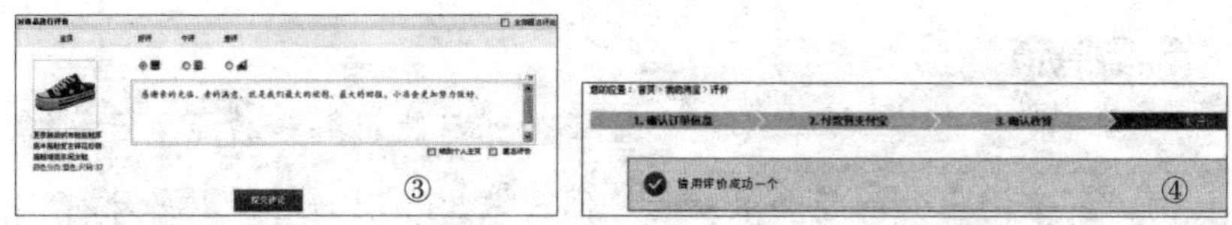

技巧提示

当交易状态显示为“交易成功”时，才会出现“评价”链接，评价周期是 45 天。

4.4.2 查看买家评价

卖家可以评价买家，同时买家也会对卖家进行评价，包括卖家的服务态度、宝贝质量等，卖家如果想要知道买家给自己的评价，可以按照以下操作步骤进行查看：

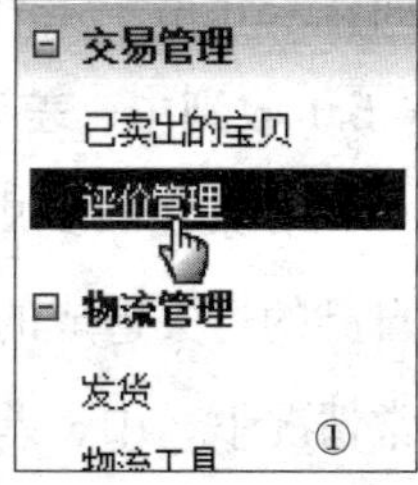

01. 登录淘宝网，进入卖家中心，在左侧的“交易管理”分类中单击“评价管理”链接。

02. 打开评价页面，单击“来自买家的评价”标签，打开该选项卡，即可查看买家对自己的评价。

03. 如果评价需要解释或补充说明，可以单击评价右侧的“解释”按钮，打开下图所示的文本框，在其中输入要说的话，然后单击“发表解释”按钮。

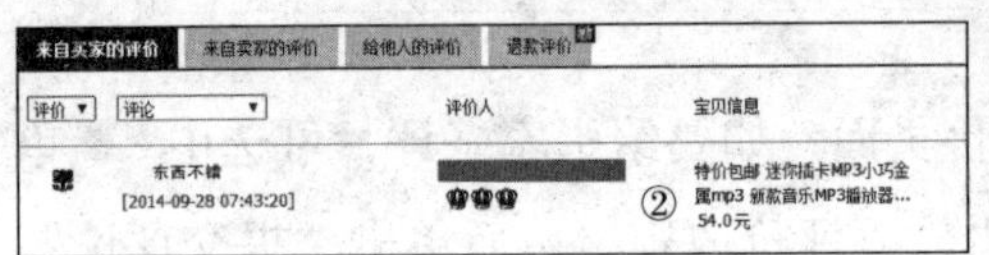

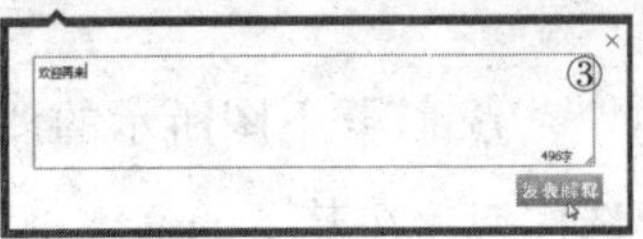

04. 此时，该卖家所做的解释或说明，就可以被所有买家看到了。

技巧提示

一般来说，卖家在受到中差评时可以使用解释功能，仔细剖析买家提出的问题和不满的原因，做出合理的解释。另外对于店铺的老顾客，卖家还可以利用解释功能表示感谢等。

4.5 中、差评的处理

在网上开店进行商品交易，由于种种原因，买卖双方在交易中产生一些不快甚至不满也是很难避免的，因此就会产生中、差评。下面就来介绍一下产生中、差评的原因及其解决方法。

4.5.1 收到中、差评的因素

卖家在收到中、差评后，首先要找一下自身原因，如果是由于自己的过失造成的，则要及时进行改正，以免类似情况再次发生。通常情况下，中、差评往往是由以下几种因素造成的：

1. 商品方面

案例 1:

中评: 我买的是红景天护肤套装，结果收到的却不是这个牌子的。

分析: 通过了解得知该套护肤品的确不是“红景天”牌子的，卖家使用“红景天”的名称是因为这套护肤品的成分中含有红景天提取物，而并不是品牌的描述，从而产生歧义。

案例 2:

差评: 卖家说不掉色不起球，结果洗一次就起球，而且掉色严重。

分析: 很多卖家为了让买家购买商品，在描述商品时言不符实或言过其实，这样只能是一锤子买卖，很难留住顾客，而后续出现的差评将会使卖家的信誉降低，得不偿失。

通过这两个案例可知，卖家应该秉持诚信经商的基本原则，不要使用有歧义的描述，对有差异的情况要做特别的说明，损害顾客利益的事情绝不能做。

2. 物流包装方面

案例 1:

中评: 拍下快半个月才到，用的是慢递公司吧?

分析: 货物延迟，有两方面原因: 一是快递公司的延误，二是由于卖家发货延迟的原因造成。如果是快递公司的原因，可以追究快递公司的责任; 如果是卖家自身的原因，卖家应该耐心地向买家解释延误原因，并诚心向他们道歉，还可以采取积极的补救措施，如送免费试用装、店铺优惠券等。

案例 2:

差评: 包装不正规也就算了，但是觉得衣服看起来也皱皱的，有点旧，像是别人穿过，完全不想穿了……

分析: 虽然服装类的包装不太需要考虑挤压的问题，但是卖家最好在包装商品的时候也要多包几层。商品包装在运送途中难免出现破损。另外，也要学习一下商品的包装技巧，使商品看起来更正规、美观。

3. 客户服务方面

案例 1：

中评：卖家是生意太好了还是怎么样呢，完全是爱理不理的呀。

案例 2：

差评：从来没见过服务态度这么差的卖家，问她是用的什么快递，她说自己去查，就一直没有回话了，再问也完全不理你。

分析：俗话说“顾客就是上帝”，卖家的店铺做得再大，也不能忽略任何一位顾客。服务不到位，失去的往往不只是这一个买家，所以，一定要服务至上。

4.5.2 中、差评的解决方法

买家给卖家的评价中，好评并不意味着顾客 100%满意；而中、差评也不一定是不满意。收到中、差评后，卖家首先要有这样一个意识，然后再联系买家了解详细情况，根据不同的情况找出不同的解决方法。

买家收到货物后，做出中、差评的评价后，这时候买家处于情绪的冲动期，此时卖家应该倾听买家的倾诉，缓解买家情绪；过多的解释反而会激怒买家，引发纠纷。当买家情绪缓和后，卖家就要根据实际情况向买家做出合理解释，主动道歉承认错误，表明勇于承担责任，并积极弥补。当买家的情绪进入平复期时，卖家要与买家共同分析原因并提出解决问题的方法。

下面以客户服务引起的中、差评为例介绍解决方法。

中评：卖家是生意太好了还是怎么样呢，完全是爱理不理的呀。

解决方法：首先应与买家主动沟通，倾听买家由于服务不周导致的不快，待他们把情绪发泄完并缓和后，再根据实际情况做出解释并真诚地表达歉意，表示以后不会再发生类似问题。这样往往就能得到买家的充分理解，有利于买家做出修改评价的决定。即便他们不修改评价，只要做出合理解释并诚恳道歉后，其他买家也不会太在意这样的中、差评。

4.5.3 如何修改中、差评

出现中、差评时，卖家主动联系买家进行协商后，一般就会得到买家的谅解，从而令其修改原来的中、差评；对于6个月之前的评价则不能修改为好评，但能删除。

修改中、差评主要包括买家“评价管理”中自行修改和打电话联系客服进行修改这两种修改方式。

1. 通过引导买家自行修改

通常，在买家给出评价的30天内，卖家可以通过引导买家自行修改评价，修改机会仅有一次。具体操作步骤：

01. 买家可以通过登录淘宝网，进入“我的淘宝”页面，单击左侧的“评价管理”链接，进入评价管理页面。

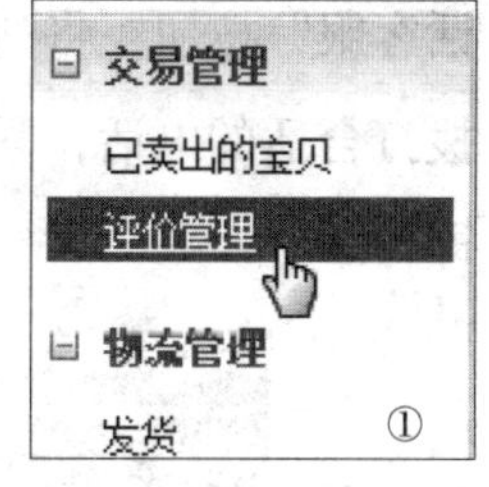

02. 在“给他人的评价”选项卡中找到相应的评价，单击“修改评价”按钮，可以修改评价；单击“删除评价”按钮，可以删除评价。

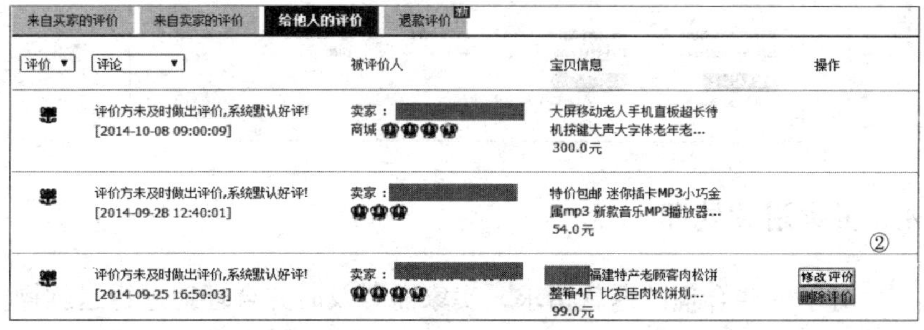

03. 单击“修改评价”按钮后，进入评价修改页面，选中“好评”单选按钮，在“评论”文本框中输入新的评论，单击“确认修改”按钮，完成评价的修改，如下图所示。

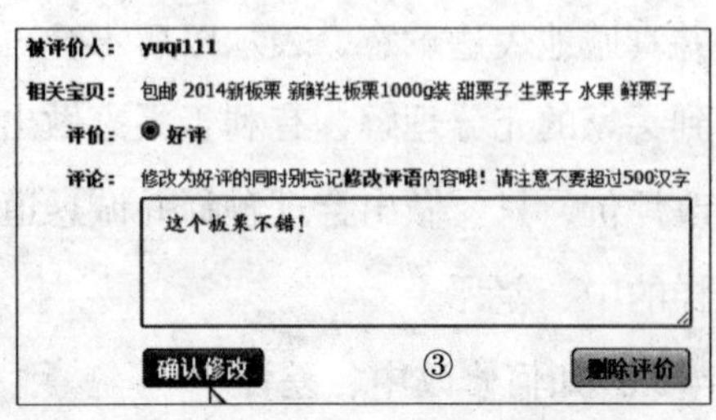

2. 打电话联系客服进行修改

当中、差评超过45天后，买家就不能通过上述方法自行修改该评价，但可以致电淘宝客服，申请修改。具体操作步骤如下：

01. 打开淘宝网首页，在右侧的“网站导航”目录下单击“联系客服”链接。

02. 打开“淘宝网服务中心”页面，单击“电话客服”按钮，将列出淘宝客服的联系电话。用户拨打合适的电话，联系客服，说明情况并申请修改即可。

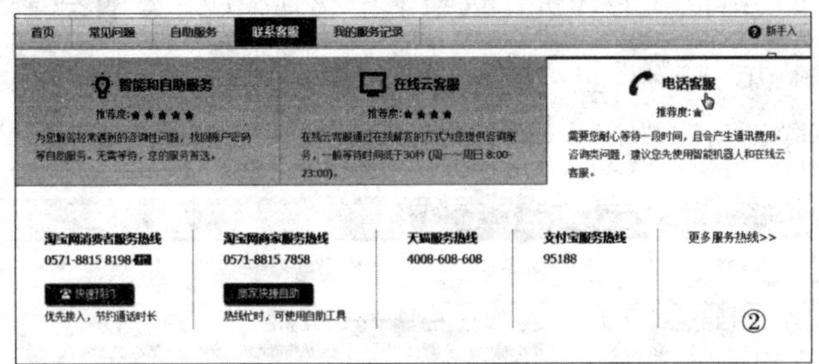

4.6 买家退款处理

对于一些合理的退款请求，卖家需要及时并合理地进行退款操作；而对于一些不合理的退款请求，如买家要求苛刻或者在购买宝贝时与卖家存在误会，卖家可以拒绝其退款申请。

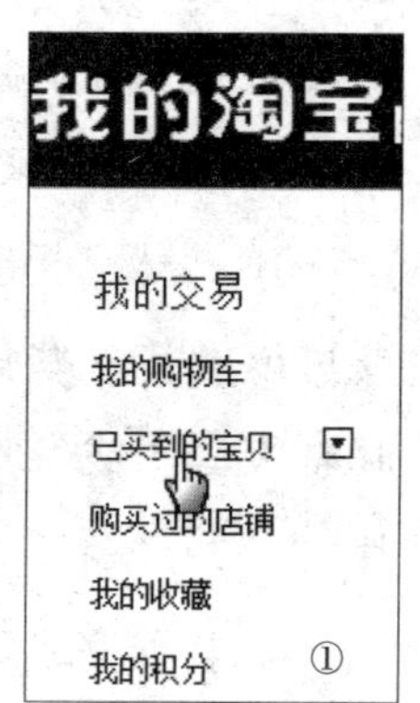

4.6.1 同意买家退款

卖家同意买家退款申请的具体操作步骤如下：

01. 进入“我的淘宝”页面，单击左侧“已买到的宝贝”链接，如右图所示。

02. 在打开的“我收到的退款申请”页面中单击交易宝贝右侧的“查看退款”链接，如下图所示。

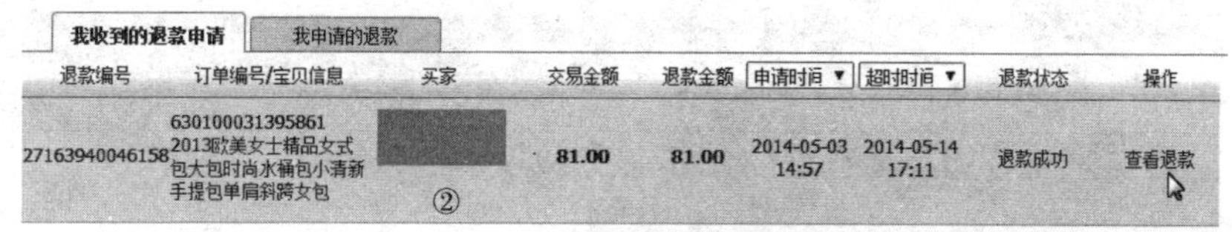

03. 进入“卖家处理退款申请”中，单击“同意退款”按钮。

04. 在弹出的确认对话框中，单击“确定”按钮，显示如下图所示的退款成功页面。

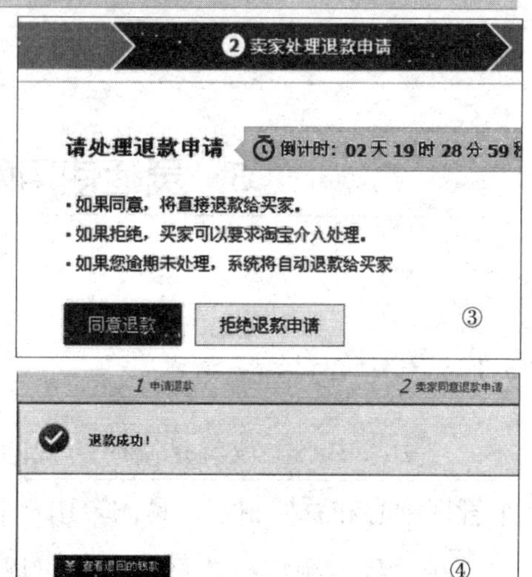

技巧提示

对于买卖双方来说，在交易创建后都应该积极关注交易的时限，避免因交易超时给自己带来损失。

4.6.2 拒绝买家退款

卖家拒绝买家退款的具体操作步骤如下：

01. 进入“拒绝退款申请”页面中，输入拒绝的原因，如果有需要可以上传一些凭证，如旺旺聊天截图或发货凭证等图片。

您拒绝后，买家可能要求淘宝介入处理，如果淘宝核实是您的责任，将影响您店铺的纠纷退款率
提示：当前买家已退货，双方存在邮费争议，建议您了解淘宝规则，避免影响纠纷退款率
拒绝原因：* 已充值成功，买家未举证
拒绝说明：（13/200字） 已经成功充值成功！请您查看
上传凭证： 选择凭证图片 上传帮助
确定拒绝 取消并返回 ②

02. 操作完成后，单击“确定拒绝”按钮即可。

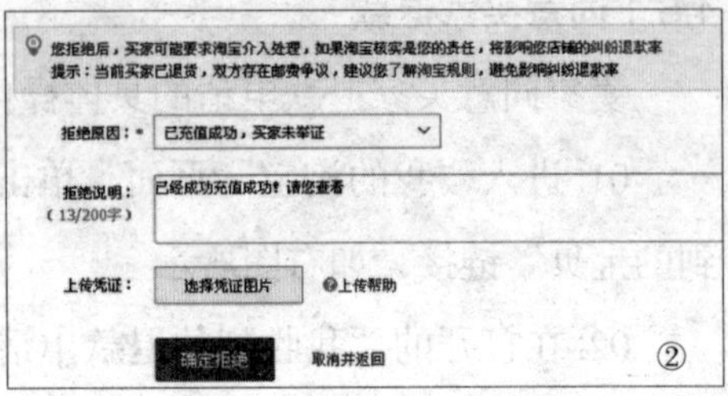

技巧提示

买家申请退款后的 15 天，如果卖家没有对退款申请做出回应，系统将默认达成退款协议，自动退款给买家。

5 灵活使用网店工具

5.1 卖家中心

“卖家中心”也就是平时所说的“后台”，是淘宝网提供的一个管理中心和总控制室，是淘宝用户的重要管理工具之一。

在“我的淘宝”首页的上面可以看到“我的江湖”，可以进入淘江湖、淘帮派、个人日志等互助功能；单击“我的卖家”可以进入卖家中心页面；在“账号管理”里则可以进行如修改密码、邮箱、收货地址和绑定手机等操作；左侧是一排快捷操作入口，包括买家和

卖家的操作入口；还有支付宝、评价管理等。另外，如果淘宝推出了新功能，在这里可以看到很醒目的橘黄色“新”字的提示。

“卖家中心”首页的中间是店铺的信用指数和交易概况，每天一进入首页就能看到是否有待发货或退款的交易等待处理，或者有新的买家留言需要去回复等，下面还有会员常用的入口和购买机票及手机充值的便民中心。

“卖家中心”首页的左侧是各个快捷管理入口，中间是支付宝账户管理和订单提醒等，右侧是近期最新的卖家通知，有淘宝公告、新功能宣传和促销活动预告，丰富的内容使“我的淘宝”真正地成为了一个会员中心和用户家园，如下图所示。

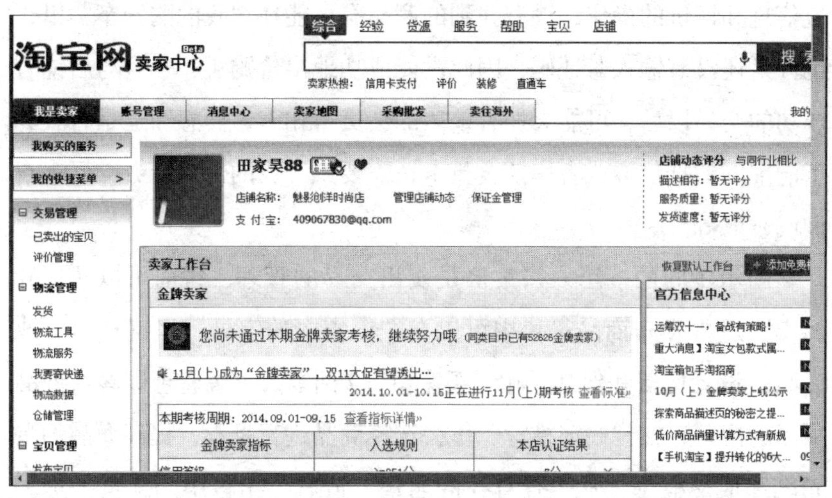

如下图所示的是“我的淘宝”左侧的一排快捷操作入口，它是我们关注的重点，使用频率也最高，因为作为一个交易平台，不管是买进还是卖出，每天都会有交易发生，而这些有关交易的快捷管理入口又全部都集中到这里。因此，作为淘宝会员，这是我们必须熟悉和了解的部分。

图示左边的一个入口集群是关于买入交易的管理，但是作为卖家，还有一个重要的日常工作，那就是指导买家进行交易的管理和操作。因此，我们要熟悉“已买到的宝贝”里的内容，

告诉顾客可以从这里进去寻找想购买的商品，进行支付货款、查看物流信息和评价的操作；没有找到的商品有可能在“我的购物车”里，也许是还没有输入验证码，因此没能成功地出价购买；一旦与店铺有成功的交易以后，可能会拥有该店的会员折扣卡，要想知道是否收到了淘宝网的抵价券或者店铺会员卡，需要到“我的优惠卡券”里去查询或领取等。

图示中间的一个入口集群是卖出交易的管理，售前可以从“我要卖”进去发布商品；售中可以在“出售中的宝贝”里编辑和修改商品、设置运费和促销，在“买家留言 / 回复”里去管理顾客在商品页面的留言，在“橱窗推荐”里去选择商品进行推荐，提高商品的曝光度和成交概率，从“查看我的店铺”或者“出售中的宝贝”进去帮顾客寻找商品，从“管理我的店铺”进入对店铺进行设置和装修；售后可以在“已卖出的宝贝”和“物流管理”中给推荐物流在线下单，也可以查看和计算物流周期及运费，在“仓库中的宝贝”里将缺货又补货的商品修改数量，重新上架销售，下架商品除了可以重新上架以外，还可以修改成预售形式，按照预定的时间重新上架销售，不打乱原有的商品上架计划。

除此以外，还可以在“卖家助手”里寻找一些品牌商，申请代理他们的产品；查看物流支付工具、营销工具、店铺工具的使用方法、教程和经验介绍；申请加入淘宝商城；在“软件服务/定制服务”“客户服务”“消费者保障服务”付费开通相应的增值服务项目，到“报名专区”查看和报名申请加入近期符合要求的促销活动；进入“我要推广”，选择使用钻石展位、淘宝直通车、超级卖霸、淘宝客等推广工具和手段，让更多的人知道我们的店铺；购买满就送、搭配套餐、限时打折等促销工具，使我们的销售如虎添翼。

还可以从“商家管理后台”进去申请开通淘宝的外部网店，这是淘宝网提供给商家的独立网店系统，商家无需技术背景，就能轻松建立属于自己的独立网店，推广商家品牌，提高商家企业形象，开拓更广阔的网络销售渠道。

图示左边的一个入口集群有评价管理，我们如果需要做出评价解释或者修改评价的话，从“评价管理”进去操作最为方便。这里还有处理退款交易和投诉举报的“客户服务”入口，从“违规记录”里可以查看到店铺当前的违规扣分。网站会根据卖家不同程度的违规行为做出相应处罚，注意当因违规行为扣分达到48分将会被查封账户。

如果作为淘宝客在自己的网页推荐别人的店铺或者商品，还会根据成交情况，不定期的收到金额不等的佣金，从“我要赚钱”的“我是淘宝客”进入，就能随时寻找推荐的商品和店铺，查询自己获得的佣金。

5.2 聊天工具的使用

阿里旺旺可以实现卖家与顾客的即时在线沟通，交易能否达成，阿里旺旺的媒介作用发挥着重要的作用。所以合理利用阿里旺旺非常重要。

5.2.1 设置个性签名

通过阿里旺旺的个性签名功能，卖家可以做新品的预告、促销活动宣传、个性展示和店训店规公告等，是一个很好的宣传窗口，还可以设置为滚动显示，更加吸引人。

个性签名的设置步骤：从阿里旺旺的“主菜单”→“系统设置”→“基本设置”→“签名、回复和短语”进入进行设置；也可以从个性签名右侧的图标进入进行设置，如右图所示。个性签名的设置可以是一条也可以是多条，每隔 5 ~ 20 分钟滚动更换一次，使展示的信息更全面，需要注意的是，系统允许设置个性签名来进行轮播展示是限制在 5 条以内。

5.2.2 设置快捷短语

有一定经营经验的卖家会发现，买家在对商品进行咨询时，问题都大同小异，因此可以通过阿里旺旺的快捷短语功能将回答设置为快捷短语进行回复，既省事又省时，而且还能体现出认真的工作态度和规范化、专业化的商家形象，如图所示。

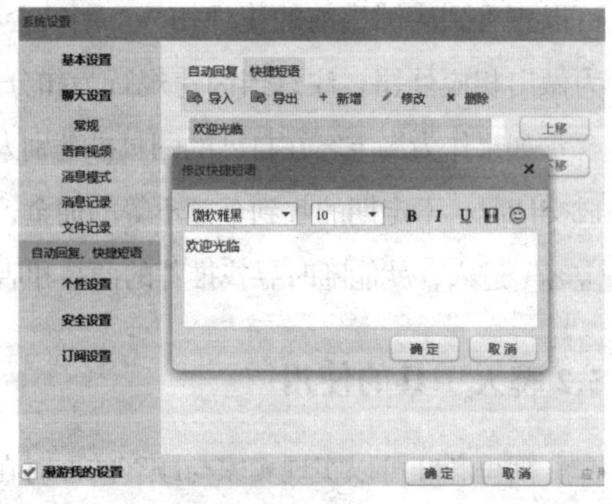

单击阿里旺旺右上角的“主菜单”/“系统设置”/“聊天设置”/“自动回复、快捷短语”来进行设置，将一些经常使用、固定不变的语句如进门问好和送别祝福的语句设置成快捷短语，还可以添加一些旺旺表情，使回复内容更加生动。

添加旺旺表情就要在快捷短语里加入相应的代码，将鼠标在旺旺表情上停留1秒钟，即可看到其代码，例如：“/：^_^”代表“微笑”的表情，“/：803”代表“恭喜发财”的表情。

5.2.3 加入旺旺群

旺旺群具有支持多人同时在线聊天的功能，卖家可以加入特定的旺旺群，如兴趣群或朋友群，来和其他卖家或朋友一起交流、学习和讨论问题等。

加入旺旺群的具体操作步骤如下：

01. 登录阿里旺旺，单击其操作界面上的“我的群”按钮，在打开的界面中单击“查找添加群”按钮。

02. 在打开的对话框中，选中“按群号查找”单选按钮。并输入群号进行查找，也可以填写两个条件一起查找，如下图所示，单击“查找”按钮。

03. 在搜索结果中选择一个群，单击“立即加入”链接，如下图所示。

04. 弹出提示信息对话框，经确认后，即可加入该群。

5.3 淘宝助理的使用

前面介绍了下载和安装淘宝助理的方法，下面将介绍淘宝助理的几项主要功能，包括使用淘宝助理发布宝贝和批量修改宝贝信息。

5.3.1 使用淘宝助理发布宝贝

前面介绍的在淘宝网上直接发布商品因步骤清晰、明确，因此比较适合新手卖家，但是如果需要发布大量的宝贝时，这种方法显然很浪费时间。下面介绍一下使用淘宝助理发布商品的具体操作步骤：

01. 双击淘宝助理桌面快捷方式图标，输入会员名和密码，单击“确定”按钮，登录淘宝助理。

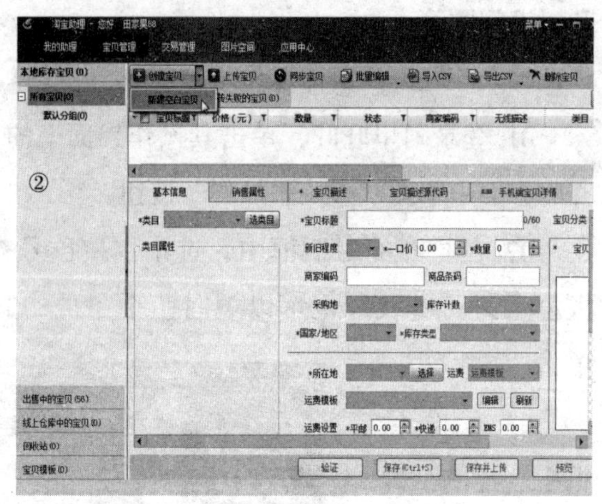

02. 选择“宝贝管理/创建宝贝”→“新建空白宝贝”命令，如图所示。

03. 选中宝贝单击“基本信息”，输入要发布商品的信息，如图所示。

04. 切换到“宝贝描述”选项卡，输入对商品的描述，单击“保存”按钮。

05. 此时，对商品的描述将会保存在淘宝助理上，商品信息确认无误后，单击“保存”按钮。

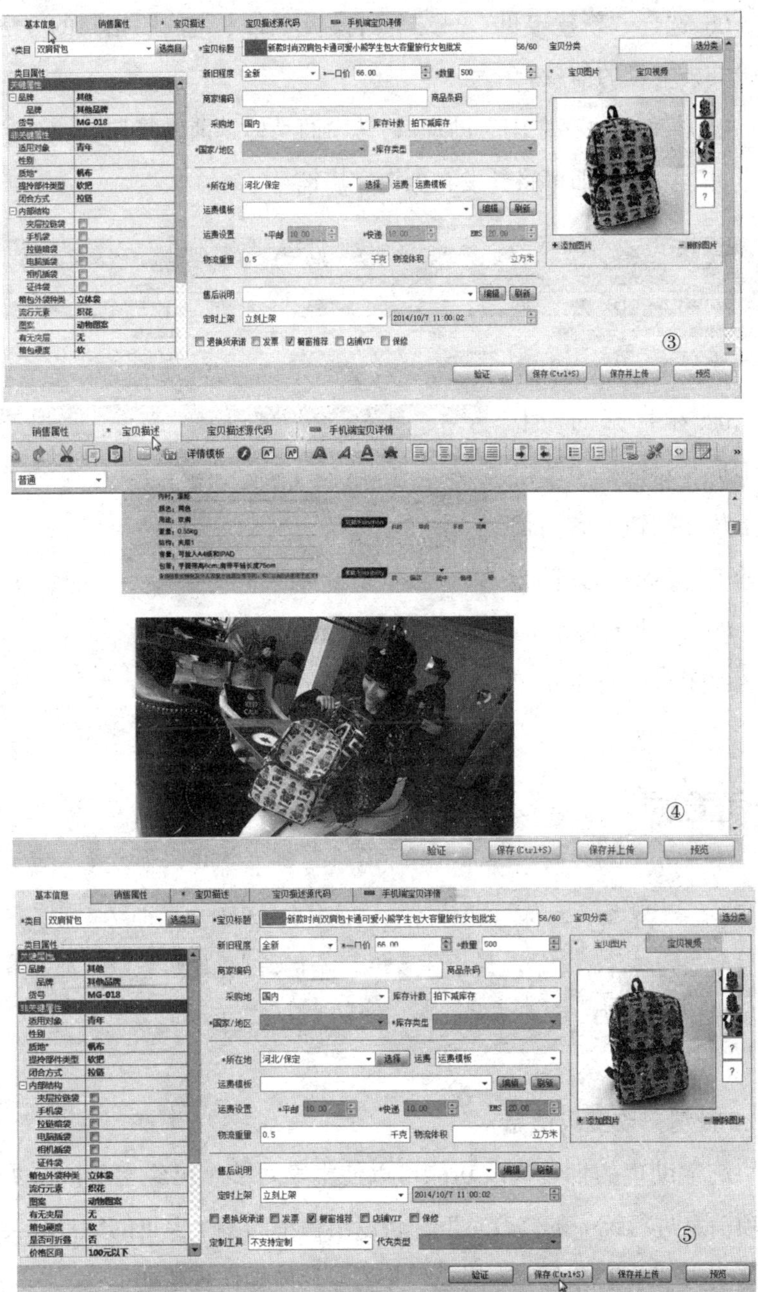
基本信息
销售属性
宝贝描述
宝贝描述源代码
手机端宝贝详情
类目 双肩背包
选类目
宝贝标题
新款时尚双肩包卡通可爱小熊学生包大容量旅行女包批发
56/60
宝贝分类
选分类
类目属性
关键属性
品牌 其他
品牌 其他品牌
货号 MG-018
非关键属性
适用对象 青年
性别
质地 帆布
提拎部件类型 软把
闭合方式 拉链
内部结构
夹层拉链袋
手机袋
拉链暗袋
电脑插袋
相机插袋
证件袋
箱包外袋种类 立体袋
流行元素 织花
图案 动物图案
有无夹层 无
箱包硬度 软
是否可折叠 否
价格区间 100元以下
新旧程度 全新
一口价 66.00
数量 500
宝贝图片
宝贝视频
商家编码
商品条码
采购地 国内
库存计数 拍下减库存
国家/地区
库存类型
所在地 河北/保定
选择
运费 运费模板
运费模板
编辑
刷新
运费设置
平邮 10.00
快递 10.00
EMS 20.00
物流重量 0.5 千克
物流体积 立方米
添加图片
删除图片
售后说明
定时上架 立刻上架
2014/10/7 11:00:02
退换货承诺
发票
橱窗推荐
店铺VIP
保修
定制工具 不支持定制
代充类型
③
验证
保存(Ctrl+S)
保存并上传
预览
详情模板
普通
④
⑤

06. 选择“新建宝贝”→“空白模板”命令，按照相同的方法，编辑其余宝贝的信息。

07. 将商品保存在淘宝助理后，选中商品标题前的复选框，单击“上传宝贝”按钮，即可将其发布到淘宝店铺。

08. 在打开的“上传宝贝”对话框中单击“上传”按钮，商品就开始上传，如右图所示。

09. 成功上传商品后，关闭对话框即可。

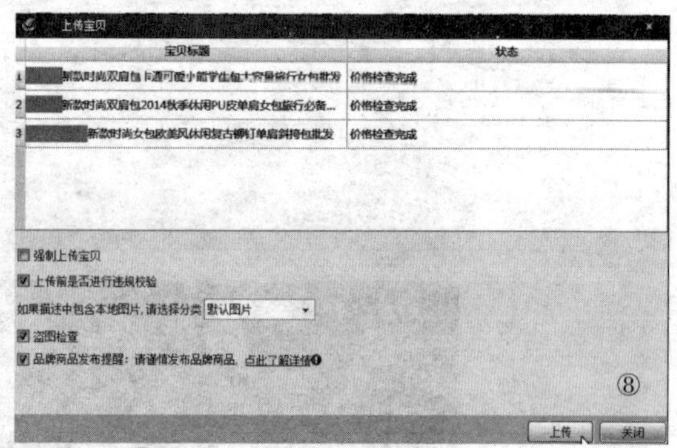

技巧提示

发布宝贝时间的选择，对于提升店铺流量和竞争力是非常有用的。一般来说，每天的15:00～17:00、20:00～23:00是每天流量最高峰时段，卖家应当尽量选择在这个时间段发布宝贝特别是具有优势的宝贝，且最好是保持每个小时都陆续有新的宝贝发布。

5.3.2 批量修改宝贝信息

淘宝助理的批量修改功能可以使卖家对多个已经上传的宝贝某一项信息进行统一的修改。下面将以出售中的多个宝贝的宝贝分类统一修改为“季末清仓”为例进行介绍，具体操作步骤如下：

01. 启动并登录淘宝助理，单击“出售中的宝贝”链接。

02. 在出售中的宝贝列表中选中要更改分类的多个宝贝，然后单击“批量编辑”→“宝贝分类”命令。

03. 打开下图所示的对话框，在“店铺分类”下拉列表中选择“季末清仓”选项，然后单击“保存”按钮，即可完成批量操作。

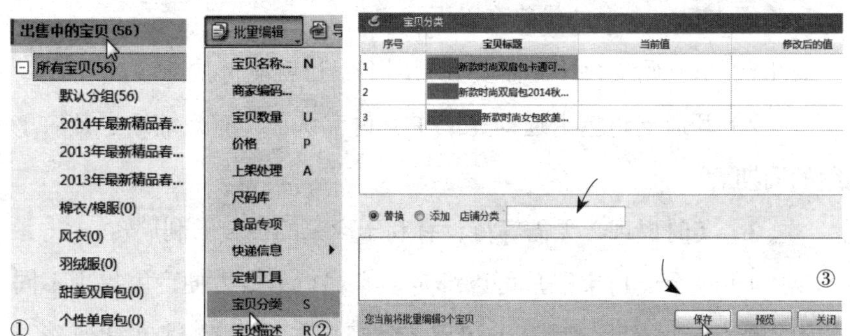

技巧提示

除了可以对宝贝分类进行批量修改外，卖家还可以对宝贝的名称、价格、类目、新旧程度、宝贝数量、宝贝属性等信息进行批量编辑，方法类似。

5.4 支付宝卡通

“支付宝卡通”是支付宝与中国工商银行、中国建设银行、招商银行等36家银行联合推出的一项网上支付服务。开通“支付宝卡通”

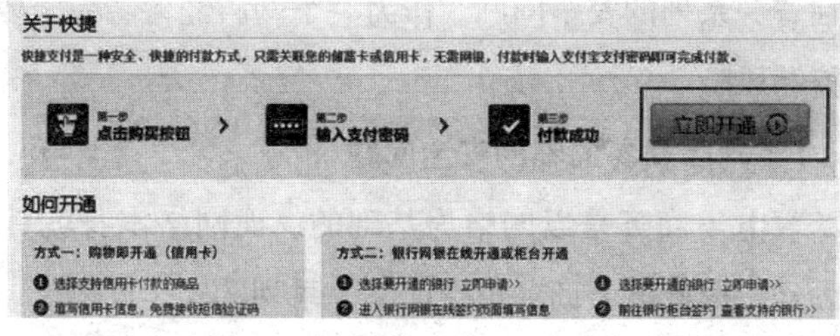

后，不开通网上银行也可以直接在网上付款；同时还能享受支付宝提供的“先验货，再付款”的担保服务。

开通支付宝卡通有网上开通和银行柜台开通两种方式，如下图所示。两种方式中，又以网上签约的方式更为便捷，无需去银行柜台签约，可在线直接激活。

使用支付宝卡通的优势有以下几点：

（1）单密码支付，不需要登录网上银行就能付款。

（2）开通支付宝卡通即完成了支付宝认证，有效缩短了开店手续的周期。

（3）实时提现，无需等待，有利于商家的资金顺利周转。

（4）一个支付宝账户可以绑定多家银行卡，方便商家提现不同的银行账号，既省时省力，又可以节省银行之间转账交割的手续费。

6 保护网店安全

6.1 网店交易的安全问题

由于电子商务是以计算机网络为基础的，因此它不可避免地面临着一系列的安全问题。作为一个网店经营者一定要加强防范意识，控制风险。

6.1.1 网店交易面临的安全问题

电子商务是以网络为基础的，而网络本身就具有很多不安全的因素，因此电子商务也会面临一系列的安全问题。

（1）信息泄露

在电子商务中表现为商业机密的泄露，主要包括两个方面：第三方非法窃取交易双方的交易内容；第三方非法使用交易一方提供给另一方使用的文件。

（2）篡改

在电子商务中表现为商业信息的真实性和完整性受到损害。通过网络来传输电子的交易信息的过程中，信息可能被他人非法修改、删除，从而失去了真实性和完整性。

（3）身份识别

若是没有进行身份识别，交易一方的身份就有可能被第三方假冒，使交易被破坏，被假冒一方的信誉受损或使被假冒一方的交易成果被盗取等。进行身份识别后，交易双方就可防止第三方的假冒操作。

（4）电脑病毒问题

随着电脑、网络的普及，电脑病毒也越来越五花八门，在网上进行交易时，一不小心就会造成重大的经济损失。

（5）黑客问题

黑客是指一些非法入侵他人电脑，从中获取利益的人员。而且现在的黑客不像过去那样必须是电脑高手，没受过专业训练的人也可以成为电脑黑客，这无疑使电子商务的安全面临更大的威胁。

6.1.2 防范交易风险

随着 Internet 的普及以及网上交易的方便和快捷，越来越多的人喜欢在网上进行交易，但是大多数人对网上交易缺乏深层次的理解，防范风险的意识不够，经常出现交易事故，甚至遭遇黑客、病毒等。所以作为一个网店经营者一定要加强防范意识、控制风险。

下面是网上开店的几点注意事项：

（1）增强安全意识。即便是在电脑中安装了防火墙以及杀毒软件也并不代表不会出现安全问题。要知道“道高一尺，魔高一丈”，因此要具有安全意识，最好不要访问非法网站，不要贸然下载和运行不明真相的程序，经常更新软件和病毒库，维护系统安全。

（2）学会设置和保护密码。下文将具体介绍设置密码和密码保护问题的方法，还要及时更新密码，防止黑客破解，保证密码处于比较安全的状态。

（3）不要轻易将身份证资料提供给他人，也不要轻信任何人。卖家在网上与买家进行交流沟通时，尽量通过邮件或旺旺等聊天工具进行，不要泄露自己的私人信息。

（4）确认信用卡安全内容。信用卡公司一般都提供了免手续费的保险服务来防止欺诈。由于各公司规定都有所不同，为提防在线欺诈，用户必须确认所加入的信用卡公司具体规定的内容。

（5）不要在电脑中安装任何具有记忆命令的程序，以防被盗取账户密码。因为这种程序可以记录用户的击键动作，甚至是屏幕上发生的一切。

（6）在交易过程中，若发现电脑出现运行缓慢等异常现象，要立即中断交易。因为出现这种现象很有可能是表示攻击者正在入侵用户的电脑，监视所进行的操作。此时应立刻中断交易，然后将电脑重启后对这种可疑的现象进行排查。

（7）删除交易后的痕迹。当卖家通过网络完成在线交易后，交易记录可能会被保留在浏览器的缓存、历史记录以及临时文件夹中。为了防止这些记录被别有用心的人得到，泄露交易信息，卖家应该定期清理缓存、历史记录以及临时文件夹中的内容。

清理浏览器缓存的具体步骤如下：

01. 打开 IE 浏览器，选择“工具”→“Internet 选项”菜单项。

02. 弹出“Internet 选项”对话框，切换至“常规”选项卡，在“浏览历史记录”组合框中勾选“退出时删除浏览历史记录”按钮。

03. 随即弹出“删除浏览历史记录”信息提示框，单击“删除”按钮即可。

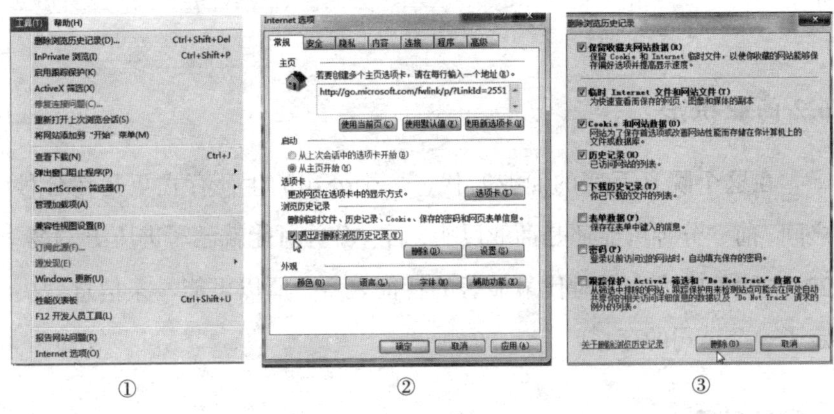

04. 还可以在“删除浏览历史记录”组合框中勾选“Cookie 和网站数据”按钮。

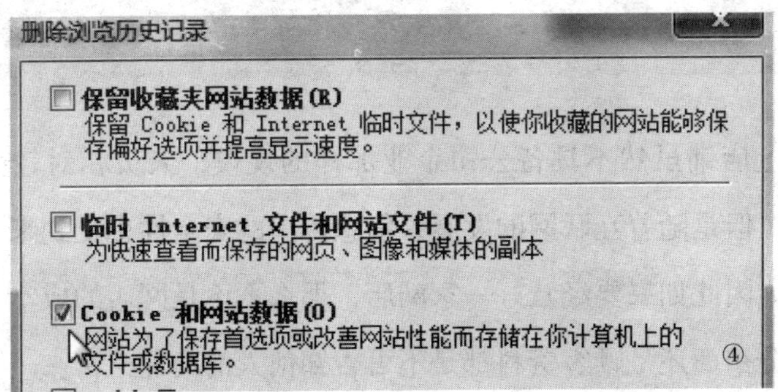

05. 单击“删除”按钮即可。

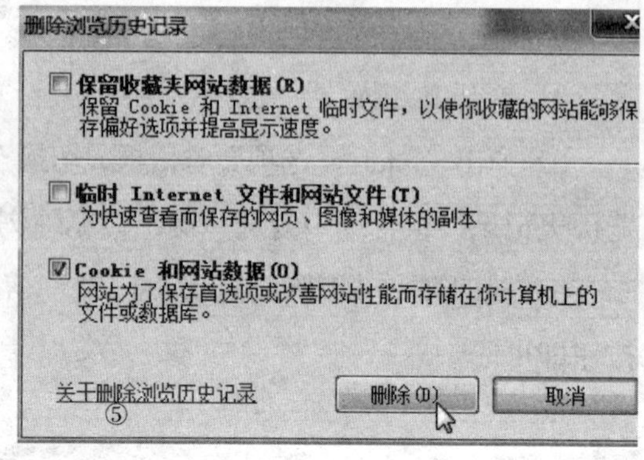

6.2 商业机密

在这个瞬息万变的商业时代，一个公司的生死存亡更是在分秒之间，前一分钟可能还是商业巨头，后一分钟可能就已写进历史。1%、2% 决胜负成为这个时代最显著的特征之一，所以可能一条信息就决定了一个公司的存亡。

技巧提示

Cookies 是一些用于保存诸如网址、登录用户名、密码以及个人资料、身份识别等信息的小文本文件。Cookies 可以让用户更加方便地登录某些网站，但也会不同程度地泄露个人隐私，因此对电脑中的 Cookies 一定要及时进行清理。

网上店铺虽然不具备公司企业那样的规模，人员相对较少且相对可靠，但是随着互联网的发展，信息传递的安全性也受到来自多方的威胁。因此如果要经营好一家网店，那么不论是网店的成本、货源渠道、分销商还是顾客资料都是不可告知他人的商业机密。

当网店的经营步入正轨并取得一定的收益后，这时可能会需要增加人手来扩大网店的规模。对于新入职的员工，要签订保密协议，一旦发生泄密就实施问责。不管是作为网店的经营者还是网店的员工，我们都要有保护商业机密的意识，严格遵守职业道德和规范，使店铺安全地运作，保证自己的利益不会受到损失。

生活中有太多看似不经意的一个小动作可能就潜藏着泄密的危险。所以在日常工作中，要养成保护商业机密的习惯，在与别人的交流中也要时刻注意，说者无心听者有意，不要一时嘴快而泄露机密。下面介绍一下日常生活中需要注意的商业机密里最基本的内容：

（1）如果店铺近期准备推出促销活动，一般会在活动之前就做好促销广告的设计、商品价格的调整、库存数量的准备等工作。这些准备的情况和内容就属于店铺的商业机密，绝对不可以告诉外人。

（2）店铺最近使用的直通车、关键字也属于重要的商业机密，不可以随便告知他人，否则就可能使公司的经营成本因此而提高。

（3）店里的畅销商品，取得较好效果的促销活动也是店铺的机密，一旦被我们的竞争对手得知，就会被他们利用，降低我们在同行业中的竞争力。即使不是我们的竞争对手，比如物流公司的快递员等，也不可将这些信息透露给他们，这样做很有可能会让我们的竞争对手间接得知。

（4）店铺的各种密码、口令、内部文件等更是需要守口如瓶的重要商业机密，因为将这些信息泄露出去就等于暴露了公司的软肋。

这些只是我们接触的商业机密中最基本的东西，但却关系到店铺的发展，甚至是存亡。因此，在工作中要严守职业道德，严守商业机密。同时也要注意自己的举止，防止因粗心大意而泄密，造成不可挽回的损失。

6.3 网上进货防骗

互联网的发展给网络进货这一渠道带来了发展空间。网络进货方便、快捷，不受地域限制，且种类繁多，便于挑选，因而大受青睐。但是由于整个交易往往都是通过电子方式来进行，因此在交易过程中一定要非常小心，谨防被骗。下面来介绍一些网上进货的防骗和交易技巧。

6.3.1 网上进货防骗技巧

在通过网络进货的时候，尤其是一些新手，一定要提高自己的警觉性，防止受骗。一般来说，在交易的时候要注意以下几点：

（1）查看公司（个人）经营资质

通过查看该公司的公司简介或公司的注册号、资质证书等相关信息判断其是否为正规的公司销售网站；在进货前尽可能与网络供货商取得电话联系，而且保险起见，最好是能到其实体店查看。如果是以个人名义注册的批发商，则要查看其是否具有约束机制，若是不具有相关的约束机制，则要谨慎选择。

（2）查看商家是否有不良记录

在进货前要对目标商家进行详细的了解，通过网络搜索查看其公司的介绍、宣传、注册信息等，还要查看他的信用等级、买家评价及不良记录等情况。总之进货前要对供货商有一个全面、理性的认识。

（3）小心价格陷阱

虽然网上进货价格相对便宜，但是也有一定利润空间的，如果商家要价远远低于市面价格，则非常可能是一个价格陷阱，一定要谨慎。

（4）以低价物品成交

第一次和批发商进货时可以先尝试性地购进一些低价的商品，通过第一次交易检验商品质量、了解其客服态度和供货速度等，然后再决定是否与其继续交易。

6.3.2 网上交易技巧

随着互联网时代的到来，网上进货已逐渐普及。网上进货虽然成本低，又省时、省力，但也有一些缺陷，如卖家可能会因贪图便宜或者轻信供货商虚假宣传，给自己造成重大的损失。下面介绍网上进货时的小技巧：

（1）找可信度高的批发网站

卖家在网上搜索批发网站时，尽量选择一些正规的货源网站。因为有很多带有病毒的网站或恶意网站，如果不小心进入这些网站可能会令网店的安全受到威胁。

没有网上进货经验的新手卖家可以去淘宝社区搜索一些有进货经验的卖家写的帖子进行借鉴，寻找可信度较高的货源网站。

（2）关注批发细节

对于货源图片等细节问题决不可疏忽，要仔细检查，以免进到一些以图片冒充实物或实物与图片有极大落差的商品。

（3）多与网络批发商交流

通过与批发商的多次交流来判断批发商的真实性。若是可信，再与对方进行交易，若是有疑问，就不要着急进货，谨防上当受骗。

6.4 网上支付安全隐患

目前，国内很多银行都可以开通网上银行，通过网上银行在网上进行账户信息查询、转账、缴费等银行业务操作既方便又省时，受到很多银行用户的青睐。随着网络购物、网上支付等业务被广泛应用，网上银行也日渐成为重要的交易方式之一。于是，不少不法分子也开始想方设法地通过盗取用户的网银密码来窃取卡内的资金。

6.4.1 网上银行犯罪的主要形式

网上支付虽然简单、快捷，但是其安全性还有待提高。目前，仍存在着很多专门针对网上银行的犯罪形式，主要包括以下几种：

（1）克隆网站迷惑用户

现在，申请到一个域名，并租到服务器空间对于造假者来说是易如反掌，只需要一张假身份证和几百元钱的成本即可，然后再建立起一个从域名到网站的LOGO、图表、新闻内容和链接等网页内容都与真正的网上银行极为类似的网站，如中国工商银行的互联网地址是www.icbc.com.cn，于是犯罪分子就注册一个www.1cbc.com.cn的网站。用户在登录时，一不小心就会进入该网站，输入用户名和密码，致使账户资金被盗取。因此，用户一定要做好预防，提高自身的防范意识，进行网上银行的操作时要先认真检查网址，确认无误后再输入账号和密码。

（2）利用跨站脚本欺骗

这种欺骗手法是指攻击者利用合法网站服务器程序上的漏洞，在站点的某些网页中插入危险的HTML代码，窃取用户信息。不法分子可以通过跨站脚本来获取其他用户Cookie中的敏感数据，屏蔽页面特定信息，伪造页面信息，拒绝服务攻击，突破外网内网不同的安全设置，与其他漏洞结合修改系统设置，查看系统文件，执行系统命令等。

通过跨站脚本对一些正规的网站进行非法利用，使网站的页面看上去一切正常，从而在用户输入个人银行账户及密码等个人信息时窃取用户信息。

（3）手机短信诈骗

犯罪分子通过群发器大量发送手机短信来骗取用户信用卡、借记卡信息是最近几年十分常见的犯罪方式。此类手机短信的内容一般是某某银行通知："您于某年某月某日在某商场透支消费 6400 元，本月结账日会直接扣除，如有疑问请咨询电话：××××……"近期还有冒充国家金融财政中心工作人员发布"退还汽车购置税"信息的，收到此类短信，一定不能拨打短信中留下的电话，否则就很容易被冒充银行、银联、公安等人员的犯罪分子套出自己的银行卡账号和密码，甚至会被诱使在 ATM 机上进行转账操作，将资金转入骗子的账户。如果有疑问一定要打银行的电话确认，银行卡上都会有该银行的电话信息。

（4）利用木马病毒盗取密码

木马主要是被电脑黑客用狡猾的伪装手段以及悄无声息的启动方式来窃取密码、偷窥重要信息、控制系统操作以及进行文字操作等的病毒程序，所以防范木马程序和电脑黑客的入侵非常重要。因此，卖家一定要防范这些木马程序，尽量不要在网吧等公用电脑上登录账号，不要浏览非法网站，不要直接打开地址不详的邮件及其附件，还要在电脑中安装查杀木马的工具，而且要经常升级软件。

6.4.2 自我保护措施

其实，所有的银行都对网上银行交易的安全性已经做了很多防范措施，用户只要掌握了相关知识并且规范操作，就能够避免交易信息被窃取。主要的自我保护方式可以从链接来源、证书和使用场合等几个方面来预防。

（1）链接来源

①对于涉及账号问题的手机短信，首先认真校对短信的来源，判断是否来自银行，还要和银行进行电话确认。

②对要求重新输入账号信息，否则将停掉信用卡账号之类的邮件一概不要相信 。

③不要回复或者点击邮件的链接，如果你想核实电子邮件的信息，可以用电话联系。

④使用浏览器直接访问某个公司的网站，在输入网址前要核实网址的准确性。

⑤在下载软件时应在安全性较高的站点进行下载，安装软件前，要用反病毒软件或专门查杀木马的软件来进行检查，检查无误后再使用。

⑥不要使用含有“@”符的网址。

（2）证书

①目前，我国所有银行的网上银行在第一次进入网银项目的时候，都需要下载安全证书，用户可以通过检查安全证书来确定网站的身份。

②浏览器右下角状态栏上有一个挂锁图标，点击该图标即可查看证书内容，确认所显示的证书信息是否正常和是否仍在有效期内。

③查看登录时间。每次登录欢迎页面上都会出现上次登录时间，要留意所显示的登录时间是否与实际登录情况相符，若有异常，一定要及时发现。

④留意地址栏的域名变化，合法网站的网址通常以“.com”“.cn”或者“.gov”结尾，且相对较短；仿冒网站的地址通常较长，将合法的企业名字包含在内（也有可能根本不包含）。

（3）使用场合

①如非必要尽量不要太频繁地进出账户。

②安装杀毒软件并及时升级病毒知识库和操作系统补丁，还要安装个人防火墙。

③使用网上银行时，选择使用网络凭证及约定账户方式进行转账交易，不要在网吧、公用电脑和不明的地下网站做在线交易或转账。

④在输入密码的时候，为了防止密码被键盘记录器记录，可以通过多次的部分输入，甚至是打乱次序输入，再通过复制、粘贴、把错误的字符删除等方式完成输入。

⑤大部分的“网络钓鱼”信件都使用英文，如果并未在国外申请该服务，对于这些信件一概置之不理，直接删除。

⑥在操作网银之前，先将不相关的网站都关闭，以防电脑上的信息被一些恶意代码得到，致使账号被他人攫取。

⑦将可疑软件转发给网络安全机构。

6.5 其他自我保护措施

了解了开网店所面临的各方面的风险和安全隐患后，可以通过一些设置来避免被不法分子窃取信息，防止造成不必要损失。

6.5.1 设置密码保护

淘宝网为淘宝用户提供了密码保护功能，使用户可以更有效地保护自己的会员账户的安全，防止淘宝会员的账号被不法分子窃取。

为账户设置密码保护的具体操作步骤如下：

01. 启动浏览器，打开淘宝网首页并登录自己的淘宝网账户。

02. 进入“我的淘宝”页面，然后选择“账户设置”下拉菜单中的“安全设置”命令。

03. 打开下图所示的界面，单击“密保问题设置”链接。

首页 个人主页 账户设置
安全设置 个人资料
修改登录密码 收货地址
手机绑定 修改头像、昵称
密保问题设置 消息提醒设置
其他 隐私设置

②

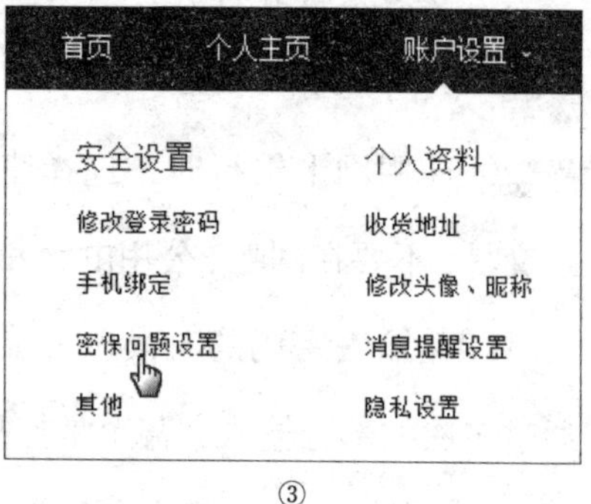

③

04. 打开下图所示的“设置密保问题”对话框，要求用户进行安全验证。

05. 选择手机短信验证，然后单击“发送验证码”按钮。在“验证码”文本框中输入手机通知后的验证码，然后单击“确定”按钮。

06. 打开“设置密保问题”页面，选择 3 个密保问题，并填写相应的答案，填写完成后单击“提交”按钮。

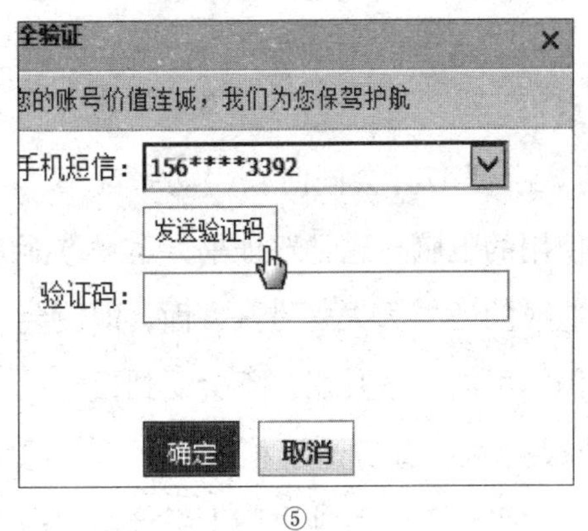

⑤

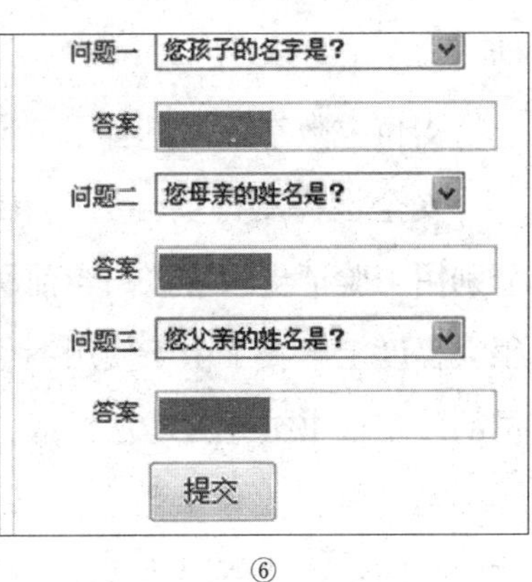

⑥

07. 显示密保问题设置成功的提示页面，完成密码保护的设置。

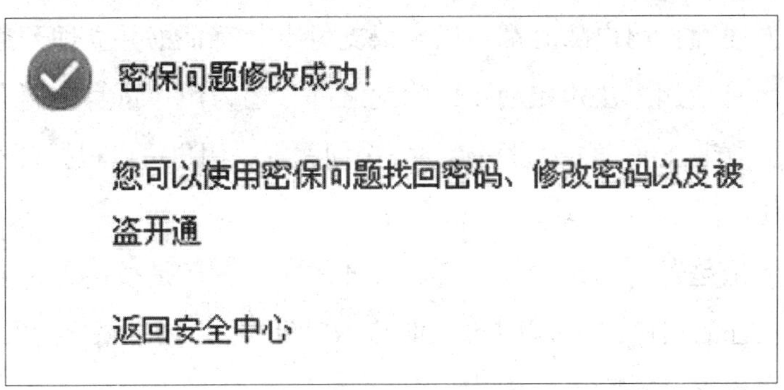

6.5.2 申请支付宝数字证书

经营网店的过程中，卖家面对和处理的往往都是一些数字化的信息，为了确保账户的安全，就需要一种方便快捷的数字凭证来保护，支付宝数字证书就具有保护账户安全的功能。

支付宝数字证书是由权威公正的第三方机构（CA 中心）签发的证书。以数字证书为核心的加密技术可以对网络上传输的信息进行加密和解密、数字签名和签名验证，确保网上传递信息的机密性、完整性。

支付宝数字证书具有以下特点：

安全性：支付宝会员在申请数字证书时会同时获得两张证书，分别用来验证支付宝账户当前所使用的电脑。这种双证书方案一方面很大程度上解决了由于使用不当造成的证书丢失；另一方面，即使会员的数字证书被他人非法窃取，仍然可以保证其账户不会受到损失。

唯一性：支付宝数字证书会根据用户身份给予相应的网络资源访问权限；申请使用数字证书后，如果想要在其他电脑上登录、使用支付宝账户，就必须导入数字证书备份，否则就只能查询账户，不能进行任何操作。

方便性：用户随时都可以申请支付宝数字证书并立即开通、使用，而且使用方法也很简单；除此之外，还为用户量身定制多种途径维护数字证书，如通过短信、安全问题等，用户可以根据自身需要选择使用。

无论是通过支付宝个人实名认证的账户，还是通过支付宝实名商家认证的用户，都可以申请支付宝数字证书，以增强账户的安全性。

申请支付宝数字证书的具体操作步骤如下：

01. 启动浏览器，进入支付宝网站，并登录自己的支付宝账户。

02. 在头像的下方可看到一个数字证书的小图标，然后单击图标右方的“数字认证”链接。

03. 打开下图所示的页面，该页面中有对数字证书的详细介绍。

04. 单击“申请数字证书”按钮。

05. 在打开的页面中填写自己的身份证号、选择使

②

用地点并输入验证码，然后单击“提交”按钮，系统会向用户的手机发送短信校验码。

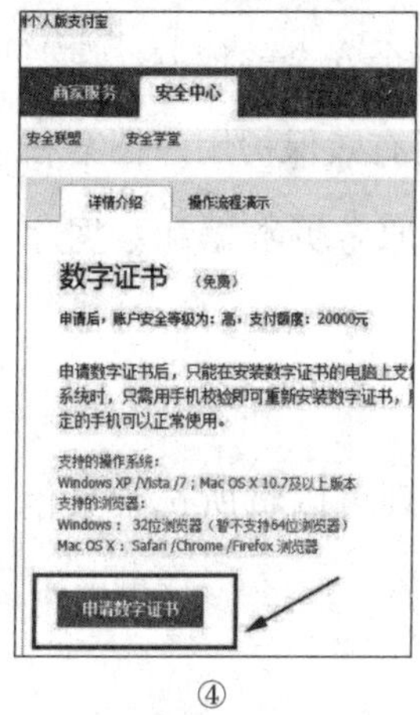

④

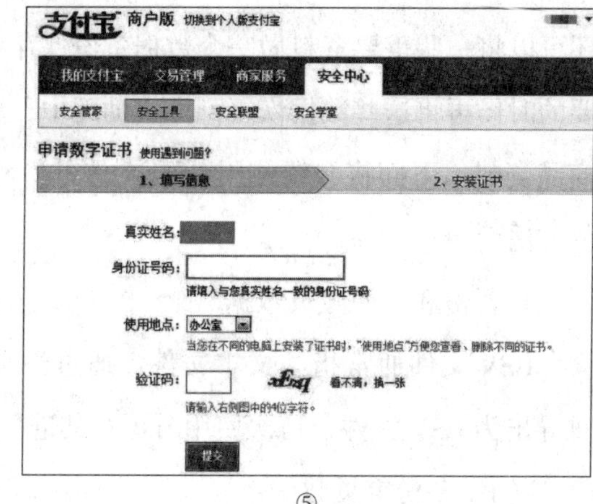

⑤

06. 自动安装数字证书后，会显示已经成功安装数字证书。

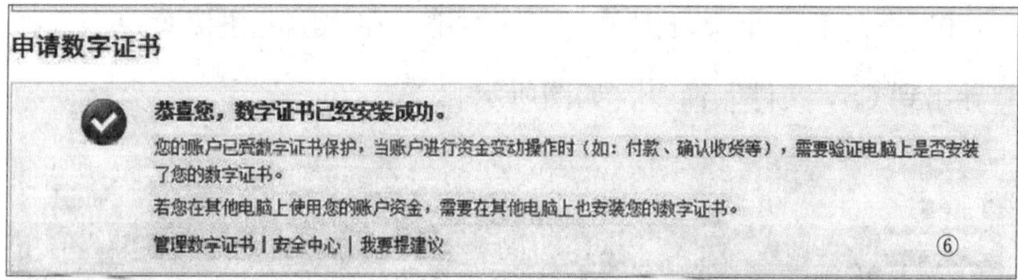

⑥

技巧提示

为了账户的安全，支付宝数字证书最好不要在网吧等公共场所进行申请。

在一台电脑上申请了数字证书后，也可以在其他电脑上使用，但是还需安装数字证书后才可以正常使用支付宝账户。

6.5.3 利用淘宝助理备份和还原数据

淘宝助理不仅可以帮助用户有效管理店铺，它的数据备份功能还可以将一些重要资料做一个数据备份保存在一个安全的地方，在需要的时候再将这些数据恢复到淘宝助理中，从而有效保护用户档案和商品资料。下面将介绍使用 CSV 文件备份和还原宝贝数据和数据库的方法。

1. 备份和还原宝贝数据

CSV 文件通常指纯文本文件，通过淘宝助理可以将所选宝贝信息导出为 CSV 文件，再次使用时再对其进行还原。

（1）备份宝贝数据

备份淘宝数据的具体操作步骤如下：

01. 登录淘宝助理，选择需要备份的宝贝。

02. 在任意一个宝贝上单击鼠标右键，在弹出的快捷菜单中选择“导出到 CSV 文件”命令，如图所示。

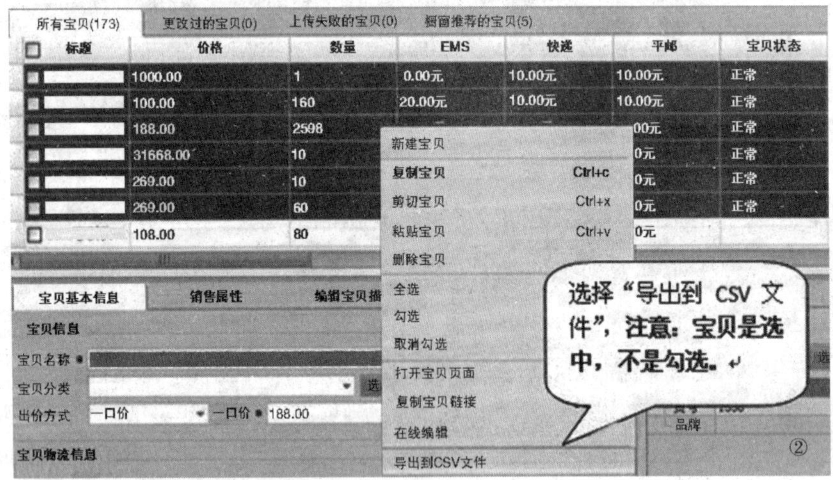

②

03. 在弹出的“另存为”对话框中选择保存的位置，并输入保存的文件名后，单击“保存”按钮。

04. 在弹出的确认对话框中，单击“确定”按钮即可。

技巧提示

备份宝贝数据不仅可以有效保护宝贝资料，还可以为宝贝检录副本，包括宝贝的文件和图片信息，如有需要还可以复制商品进行修改，比重新传件商品更简单、便捷。另外，还可以使用 Excel 对其进行编辑。

（2）还原宝贝数据

对于备份的数据，用户需要再次使用时，只要将 CSV 文件转化为宝贝数据即可，具体操作步骤如下：

01. 在淘宝助理界面中，选择“本地库存宝贝”选项。

02. 在空白处单击鼠标右键，并在弹出的快捷菜单中选择“从 CSV 文件导入（增加为新宝贝）”命令。

03. 选择事先备份的 CSV 文件，单击“打开”按钮，并在弹出的确认对话框中，单击“确定”按钮即可成功导入宝贝数据。

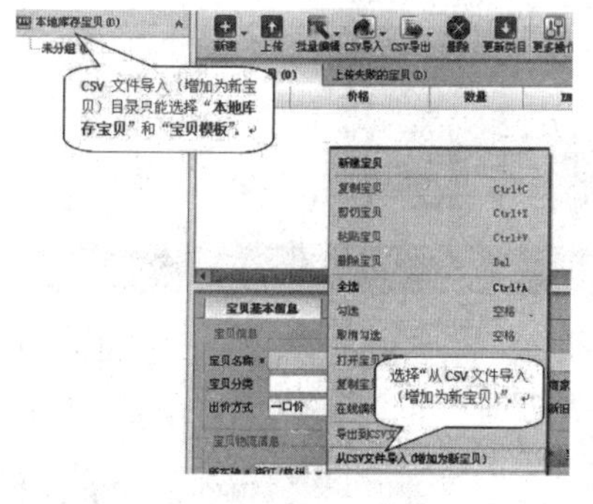

②

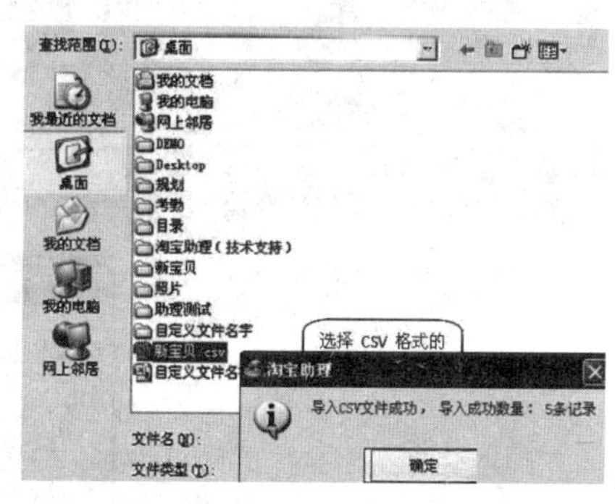

③

技巧提示

对于出售中的宝贝、线上仓库中的宝贝、待处理的违规宝贝等分组下的宝贝，淘宝助理的CSV导入导出功能可以对其进行覆盖，还可以保留库存宝贝分组下宝贝的新增操作，以便卖家可以更快速地编辑和修改这些宝贝的相关信息。

2. 备份和还原数据库

上文提到，可以使用Excel对CSV文件备份的数据进行编辑，但备份的数据信息不够完整。为了更全面地备份数据信息，可以备份数据库，数据库所备份的数据虽然无法通过Excel进行编辑，但相对全面。

（1）备份数据库

备份数据库的具体操作步骤如下：

01. 选择“工具”→“备份数据库”命令，并在弹出的“数据备份”对话框中单击“浏览”按钮，选择备份路径。

02. 完成后单击“确定”按钮，开始备份数据，并在弹出的确认对话框中，单击“确定”按钮完成数据备份。

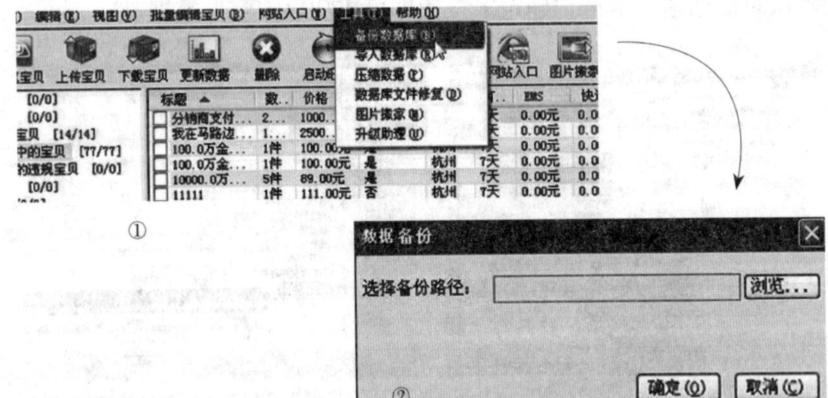

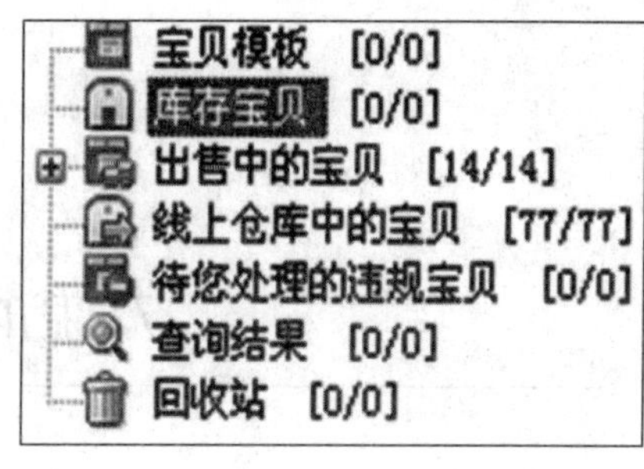

（2）还原数据库

还原数据库的具体操作步骤如下：

01. 在淘宝助理界面中，选择“库存宝贝”选项。

02. 选择“工具”→“导入数据库”命令，在弹出的“数据导入”对话框中单击“浏览”按钮，选择导入路径。

03. 完成后单击“确定”按钮，开始还原数据库。并在弹出的确认对话框中，单击“确定”按钮完成数据还原。

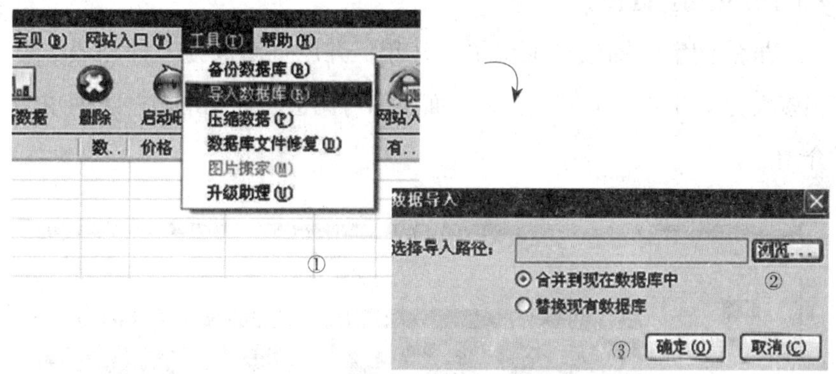

技巧提示

数据库备份按照备份数据库的大小可以分为 4 类：完全备份、事务日志备份、差异备份、文件备份；按照数据库的状态又可分为冷备份、热备份和逻辑备份。

7 店内推广

7.1 加入淘宝旺铺

为了能够使顾客在购物过程中有更好的体验，产生更加强烈的购买欲望，淘宝开辟了一项增值服务——淘宝旺铺，它提供了更加个性、豪华的店铺界面。

7.1.1 认识淘宝旺铺

虽然淘宝旺铺已经推出了好几年，并已逐渐成为一种趋势，可很多卖家对此并不是很熟悉，下面我们对淘宝旺铺先来做一下简单的介绍。

普通的淘宝店铺是完全免费的，但它只提供几个自带模板，也没有太多的风格可以更换，比较单调，如下图所示。

相对于普通淘宝店铺，淘宝旺铺的选择性就比较多了。它有很多新的装修功能，其首页专属装修内容包括：促销区、推广区、商品分类区、店招区等，这些功能使店铺显得更加正规，增强了专业性，也为卖家的物品提供了更广阔的展示空间。

当下，淘宝旺铺主要有两大种类，即免费类和付费类。

1. 付费旺铺（标准版旺铺）

淘宝旺铺的价格是 30 元 / 月，购买后物品图片大小可以随意变化，店铺装饰更加华美，并且赠送 30M 图片空间。

2. 免费旺铺（创业扶植版旺铺）

自 2010 年 2 月 4 日开始，淘宝开放了免费升级“旺铺扶植版”的服务（针对全网五心及五心以下的普通店铺商家），将部分标准版旺铺的功能免费开放，但旺铺装修模板不可以使用。

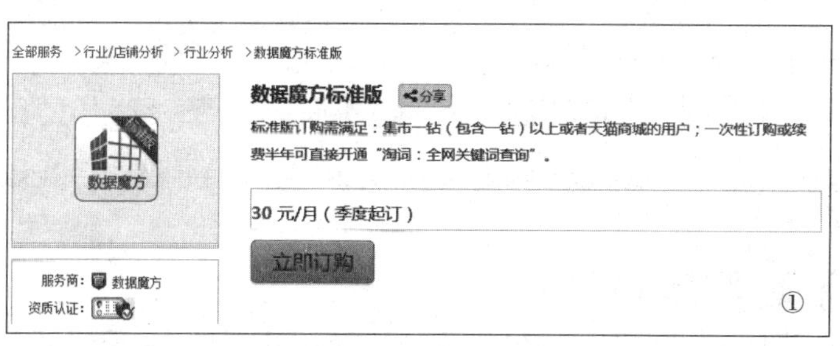

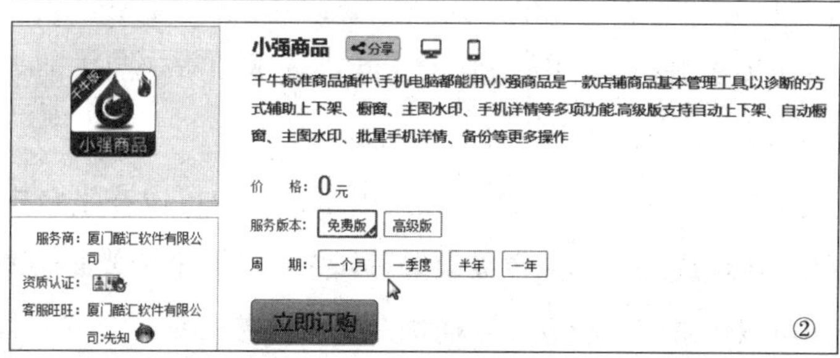

技巧提示

为了更好地照顾新手卖家，旺铺扶植版只对五心及五心以下的店铺开放，如果卖家觉得旺铺扶植版功能不全，无法满足自己的需求，可以直接考虑购买标准版。毕竟相对于标准版，旺铺扶植版很多功能都受到了限制，无法达到卖家心中的理想效果。

7.1.2 开通淘宝旺铺

一钻以下卖家要开通淘宝旺铺，享受免费的扶植版旺铺，可采取以下操作：

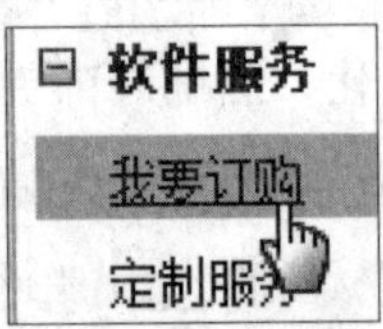

首先进入店铺，在“软件服务”栏中单击“我要订购”。

因此时店铺等级较低，信誉低于5颗心，所以系统会提示用户可以免费申请扶植版旺铺。此时可以单击“立即升级到旺铺”按钮进行升级。

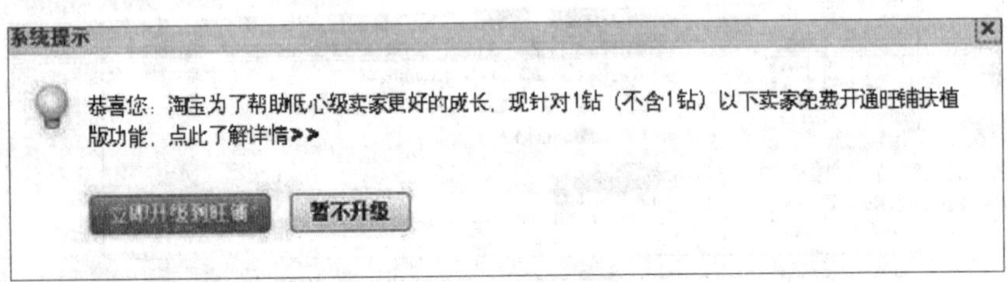

此时店铺会升级为扶植版旺铺，并进入下图所示的店铺管理平台。

在默认打开的“装修页面”选项卡下，用户可以在平台中添加模块、装修店铺或进行其他宝贝设置。如果习惯原来的普通店铺操作模式，还可以单击“切换到普通店铺”文字链接恢复。

单击页面最上方的下拉箭头，可以打开装修页面的管理区，如右图所示。在这里主要对店铺的首页、店铺介绍、交流区和友情推荐几个区域的模块进行管理。

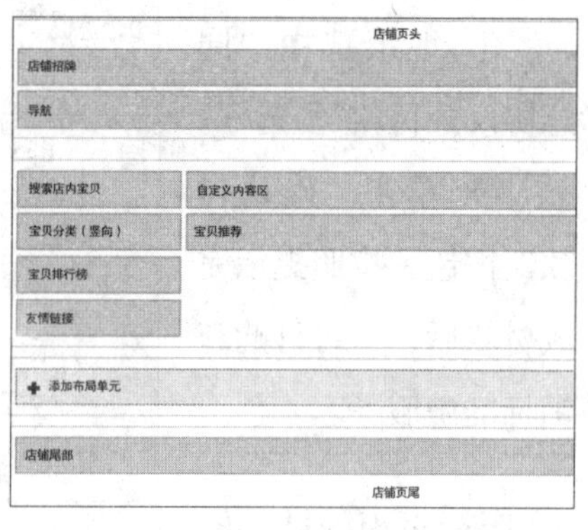

一钻及一钻以上卖家要订购旺铺标准版服务，具体操作步骤如下：

01. 启动浏览器，登录淘宝网，进入卖家中心。

02. 在卖家中心右侧的“软件服务”区域，单击“我要订购”按钮。

03. 进入“淘宝卖家服务”页面，然后单击左侧“旺铺”标签。

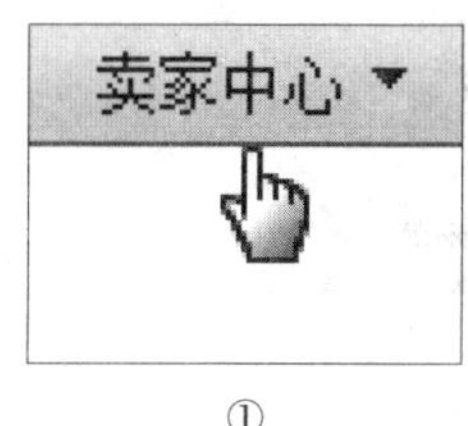

①

②

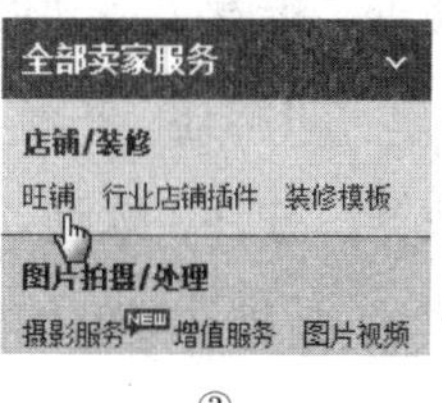

③

04. 单击进入“旺铺”页面，选择页面右侧的“默认”选项链接，选择类型。

05. 打开“淘宝卖家服务”页面，在旺铺标准版区域单击“立即订购”按钮。

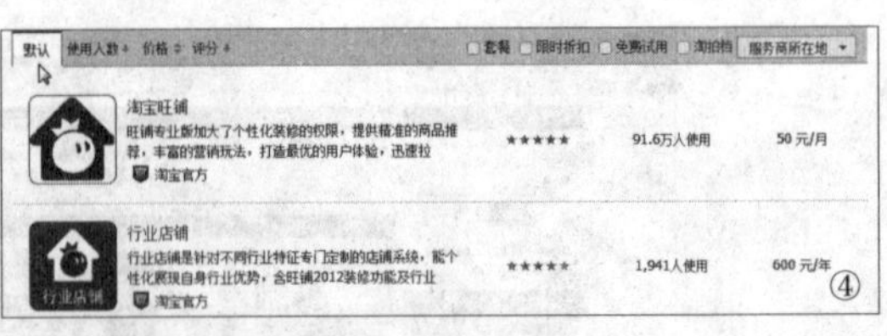

06. 打开订购页面，可选择购买的期限，如下图所示。

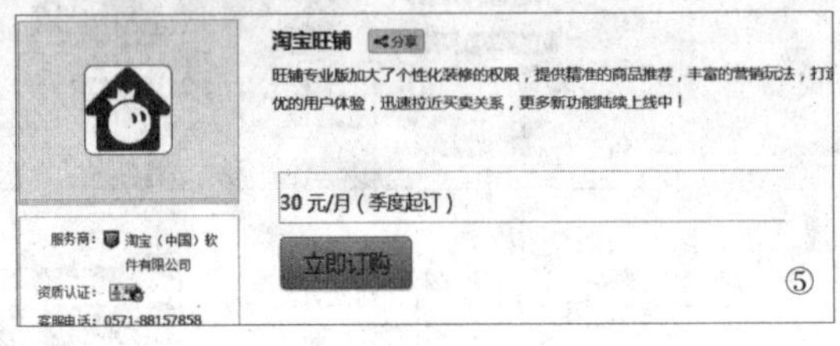

07. 继续选中“同意协议并付款”复选框。

08. 单击“确认付款”按钮，按照提示完成付款后，即可订购旺铺标准版服务。

7.2 店铺页面的精装修

一个完整的店铺一般具备：店铺招牌、宝贝分类导航、促销栏（公告、推荐、活动促销）、宝贝描述、签名、计数器、挂件、欢迎欢送图片、掌柜在线时间、联系方式等元素。有的功能或许没必要用到，卖家可以按照自己的实际情况适当选取，它可以给您的网店带来一些意想不到的收获。

7.2.1 各元素的布局原则

店铺招牌主要是用来说明店铺经营项目的，招牌必须要有亮点，能够吸引顾客。店铺招牌要能够说明您店铺是经营什么的，有使顾客在这里停留的亮点。店铺招牌不能太小，太小无法发挥招牌的功能，太大也不行，让整个店面不协调。因此，一定要注意招牌的尺寸大小。

（1）公告。公告的作用是向顾客展示自己店铺里有什么新优惠政策和新商品等的绝佳平台。淘宝旺铺和普通店铺的公告有很大的区别：在淘宝旺铺中，公告大小可以自定，包含在整个促销栏中。在设计模板的时候可以任意设计，或你在选取别人已经做好的模板的时候可以多浏览。而普通店铺里，公告是布局在我们店铺页面的店标之下一行的右边，不是很大的一片区域，也不是特别醒目。

（2）促销栏。促销栏越大越好，但应当注意不能太高，容易带给顾客视觉疲劳，在内容上也应多元化，填充的内容最好要有动感性，能激起顾客继续浏览的兴趣。动态的内容最好是置于整个促销栏的左上方，因为这里处在顾客视野正中央，最容易引起注意。

（3）宝贝分类导航有固定的宽度，但无固定的高度限制，是每个店铺必备的工具之一。为了节省顾客搜寻所需宝贝的时间，可以人性化地设计宝贝分类导航。例如，可以建立一个目标导航栏，按一定顺序罗列好商品分类，在各个分类下面罗列宝贝或者宝贝子类，并在上面加以注解。漂亮、创意新颖的目标导航可以为你的商品锦上添花。

（4）签名。通常情况下，签名大多见于论坛之中，在宝贝的描述模板中加以签名，可以加深顾客的印象，后面有详细的制作方法。

（5）宝贝描述。一般情况下，顾客只有在对卖家的商品产生兴趣之后，才会点击宝贝描述的界面，宝贝描述是工作量非常大的一项工作，描述的时候要条理分明，具有层次性，各个部分尽量独立开来，为了不减缓顾客电脑的运行速度，卖家选用的图片不能太多太大，如果页面长时间打不开，顾客则会弃你而去。

（6）计数器。计数器能够让卖家从中揣摩顾客们的购买倾向。但计数器并不是一个有利无弊的工具，也不是一个必备的店铺铺设工具。计数器的好处在于：当你的店铺人气很高，顾客看到他中意的东西之后看到人气这么旺，就会进一步坚定购买决心，这给顾客留下了一个很好的印象，非常有利于成交。同样，计数器的弊病也相当明显：如果你的店铺没有推广出去、浏览量很少，顾客即使想买都可能会放弃。计数器添加的地方主要有三处：针对于旺铺，在整个促销栏里都可以添加，对于普通店铺，要么添加在公告栏里，要么添加在描述模板里，还可以添加在产品的分类导航栏中。

（7）为了避免顾客的视觉疲劳，挂件、欢迎欢送图片这两者最好是放在描述模板的中下端或者分类导航的底端。

（8）掌柜在线时间和联系方式通常放在促销模板里的右下角，而对于普通店铺，掌柜在线时间和联系方式可以放在描述模板的顶部或者放在公告栏、分类的顶端。

7.2.2 店铺公告栏

店铺公告栏向顾客展示了自己店铺里有什么新商品、新政策等消息。是卖家为了向买家传递一种信息而设置的。在普通店铺里面，公告栏的宽度在340像素以内，文件大小不受限制，高度不受限制。卖家可以通过互联网搜索免费的公告栏模板使用，如下图所示。

01. 选择一个自己喜欢的公告栏模板，保存，取名为公告栏。

02. 在 Imageready 软件中打开公告栏文件，查看该文件宽度是否超过 340 像素，如果超过，需要通过设置图像大小将宽度限定在 340 像素以内。

03. 添加文字。将文字摆放合理，设置好合适的颜色。

04. 保存。打开优化面板，将优化格式选为 GIF，单击“将优化结果存储为”即可完成保存。

05. 将完成的 GIF 图像上传到相册中，并用和类目同样的方法，获取该图像的 URL 地址。

06. 进入店铺后台管理，单击“管理我的店铺”，编辑店铺公告，如图所示。

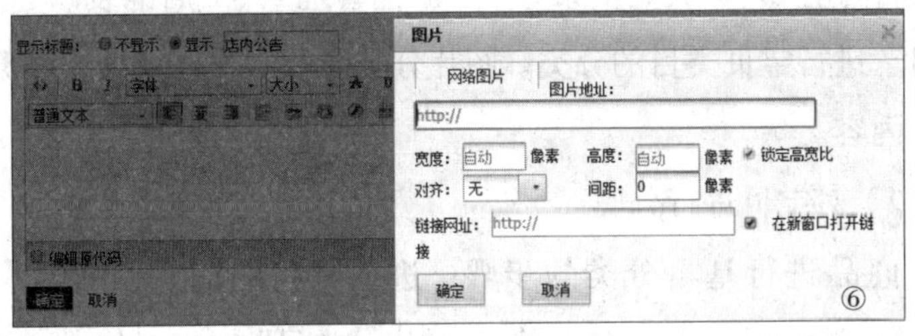

7.2.3 制作网店分类导航

店铺中的分类导航（也称为店铺类目），主要是为了向顾客展示商品的类别，不论是在普通店铺还是在旺铺中，均在店铺左侧显示。

对一家店铺而言，一定要对所售商品进行合理分类，主要可以运用两种途径吸引顾客的注意力：一是运用简单的文字描述商品信息，二是利用独具特色的图片来吸引顾客的眼球。如果店主想让自己店铺的分类导航显得与众不同，则可将各项分类导航制作成图片。因为用文字方法分类，导航的大小和颜色都无法改变，具有相当大的局限性。而用图片归类，在高度上没有严格的要求，只需合适就行，但图片的宽度最好不超过180像素。

给商品分类能给买家带来许多方便，服务于买家，其实最终是为店家自己服务。给商品合理分类不仅能够提升店铺的形象，也能够提高交易率。如果买家进入店铺后，点击相应的分类却提示"没有相应宝贝"，就极有可能会让买家乘兴而来，败兴而归，给人一种没有用心经营的感觉，这样买家对店主的印象就会大打折扣。所以，卖家及时归类自己的商品至关重要。下面，我们按照淘宝网的分类方法，简单介绍一下商品分类的技巧。

（1）制作商品分类导航

商品分类导航可分为文字分类与图片分类两种。文字分类：进入"我的淘宝"→"我是卖家"→"店铺管理"→"店铺装修"→"店铺类目"进行宝贝类目的分类。图片分类导航制作较复杂，详见本节后面的内容。

（2）对宝贝进行分类

对商品进行基本分类的步骤：进入"我的淘宝"→"我是卖家"→"店铺管理"→"店铺装修"→"店铺类目"→"宝贝分类"→"未分类宝贝"进行放置。为方便买家购买，店主应及时为自己的商品分类。

（3）调整分类顺序

调整分类顺序的步骤：进入"我的淘宝"→"我是卖家"→"店铺管理"→"店铺装修"→"店铺类目"→"宝贝分类"，对相应类目排序号进行修改后，按后面的"修改"键保存。

（4）关于一级分类与二级分类。目前不少网站（如淘宝网）只支持一级分类，但可以利用空间错位法来达到级别分类的效果，这样能产生出一级与二级分类的视觉效果。

（5）制作相同名称的二级分类。如卖衣服的店，可以将“衬衫”和“外套”作为一级分类，但在各个分类下均有相同的风格，均含有比如“休闲”与“时尚”两种，要怎样设定呢？

如果店主已经设置好一个“休闲”后，相同名称的分类是不会再出现在淘宝中的，当卖家再设置一个“休闲”时，淘宝会提示已有该分类不可以继续分类。这个时候，店主可将原来的“休闲”做一个小改动，如在它们之间加一个空格，之后再添加一个“休闲”的分类，随后按“保存”。这个时候系统认为原先的“休闲”已改动，因而新分类就操作成功了。此时，在原先的“休闲”后面不要按“修改”键，以防原来的“休闲”跳回到没有保存的状态。这样就成功编辑了两个一样的“休闲”。

（6）有些宝贝分类图片放了以后，店铺宝贝主区域会下沉。这是由于店主设置的商品分类图片过大，图片大小控制在宽 100 像素以内，主区域便不会往下沉了。

（7）宝贝分类数量目前还没有限制。但做一个有效的分类，是不需要太多类目的，类目太多反而会适得其反。

店主若想让自己的分类导航给进入店铺浏览的买家们留下一个深刻的印象，除了按照上述方法和技巧操作外，还需要自己动手设计图片分类导航。图片分类导航主要包括两种：商品分类图片、欢迎图片。卖家可将联系方式、营业时间等信息加在欢迎图片中。

7.2.4 设置店铺背景音乐

在店铺页面上添加背景音乐也是店铺用来吸引买家的手段之一。值得注意的是，给店铺页面添加的背景音乐一定要恰当，如果背景音乐选择得不恰当，就可能会给进入店铺主页的顾客留下不好的印象，不利于店铺推广。

设置背景音乐要注意以下几点：首先，应当选用较为悠扬的背景音乐，太过激烈的背景音乐不能保证每个人都喜欢。其次，要时常检查背景音乐的流畅性，听有卡带现象的音乐对任何人来说都是一种折磨。

以使用百度搜索引擎搜索歌曲，然后将其应用到淘宝店铺中为例，具体操作步骤如下：

01. 打开百度首页，http://www.baidu.com/。

02. 单击音乐链接，在文本框中输入歌曲名，然后单击“百度一下”按钮进行搜索。

03. 单击歌曲名，即可出现歌曲的地址，选择该地址，并按下“Ctrl+C”组合键在地址栏复制该地址，如图所示。

play.baidu.com/?_m=mboxCtrl.playSong&_a=73868227&_o=/byebyenoise||yyr_artist_detail_playlist||yyr&fr=-1||music.baidu.com||yyr#loaded

③

04. 进入“我的淘宝”页面，单击“管理我的店铺”，打开“店铺装修”页面。

05. 单击“店铺公告”一栏中的“编辑”链接，进入“店铺公告设置”页面。

06. 在“公告”栏中单击“编辑 HTML 源码”按钮，输入音乐代码 <bgsound balance=0 src=“歌曲地址”http://play.baidu.com/?__m=mboxCtrl.playSong&__a=73868227&__o=/byebyenoise||yyr_artist_detail_playlist||yyr&fr=-1||music.baidu.com||yyr#loaded，其中“歌曲地址”即为刚才复制的歌曲地址，如图所示。

07. 确认无误后，单击“确定”按钮即在店铺公告页面添加了背景音乐。

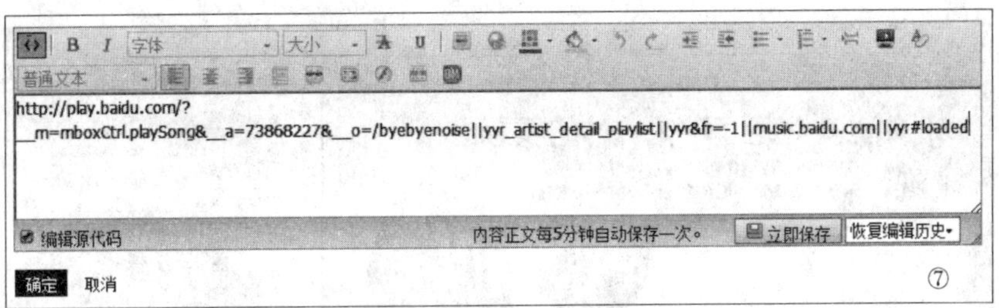

⑦

技巧提示

音乐代码解释：balance 表示音乐平衡，一般情况下不需要调节。src 表示音乐文件的路径，也就是网络上的音乐地址。volume 表示音乐的音量。0 表示默认音量。loop 表示音乐循环次数。infinite 表示不定义，即无限循环。

7.2.5 安装店铺计数器

计数器的作用是统计店铺的访问量，可以让卖家准确地把握市场的发展动向，选择合适的商品，清晰地调整相应的经营策略，从而增加商品交易量。因此，为店铺页面安装计数器是一名专业卖家必须要做的。

（1）申请计数器

在店铺页面安装计数器之前，卖家必须先申请一个计数器。以申请：http://www.linezing.com/index.php 网站的计数器为例，具体操作步骤如下：

01. 在 IE 地址栏中输入网址：http://www.linezing.com/index.php，单击“转到”按钮，进入注册页面，如图所示。

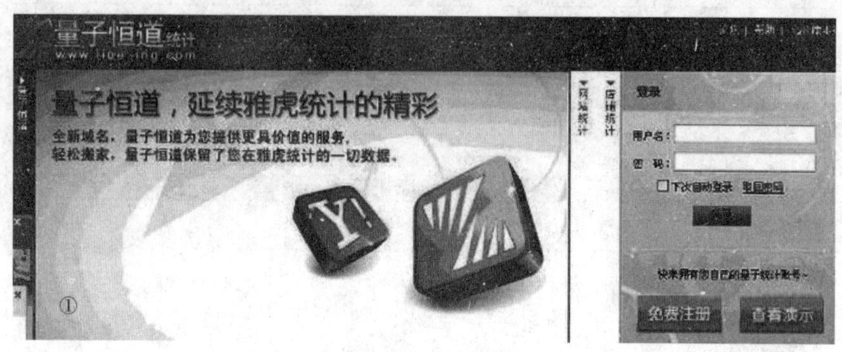

02. 单击页面上“免费注册”链接，在注册页面中填写相关信息，然后单击“注册”按钮，如下图所示。

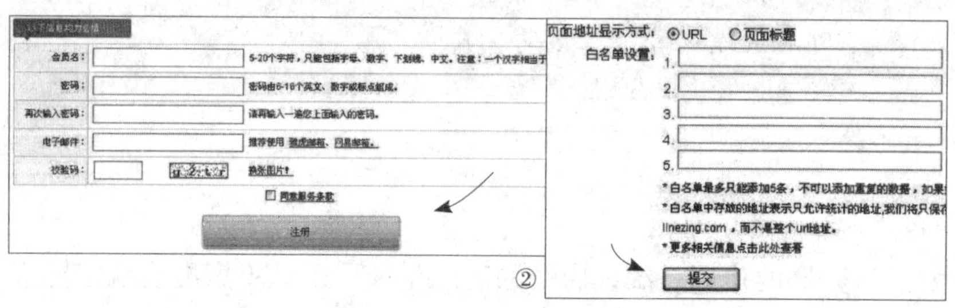

03. 单击“获取统计代码”按钮，进入如下图所示页面。并单击“公告栏 | 促销栏 | 商品描述选用统计代码”右侧的“复制到图片代码”按钮复制该代码。

04. 进入卖家中心，单击左侧“店铺管理”→“宝贝分类管理”按钮。

05. 添加新分类，把新分类改名为“量子恒道”，然后单击“编辑图片”，粘贴上面复制的代码，如图所示。

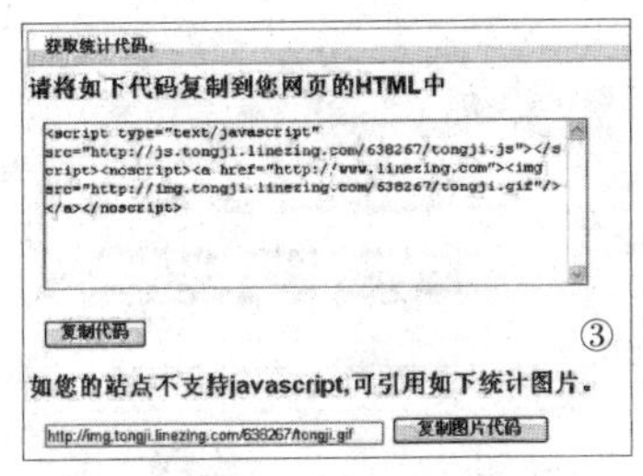

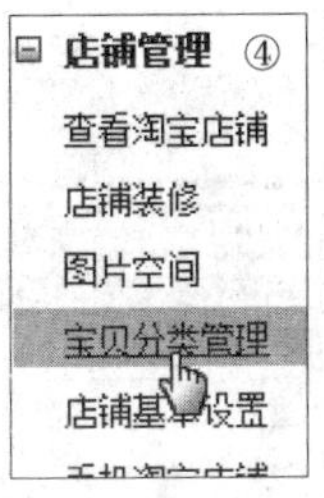

技巧提示

成功获取统计代码之后，用户还需要先选择一个适当的图标样式，单击“收藏它”按钮进行收藏。然后在“我收藏的图标”中选择使用。以后如果需要更改图标样式，只需要在后台设置更新即可，不需要重复地去购物系统中重新更换代码，方便快捷，省时省力。

（2）安装计数器

安装计数器的过程就是将前面复制的统计代码粘贴到网店的操作。

计数器在图片选择上应当充分考虑顾客心理，避免顾客在浏览时避重就轻，将日光更多地放在欣赏图片上，违背店铺向买家展示产品的最终原则。一般说来，漂亮的计数器图片虽然可以吸引买家的眼球，但是在公告栏上同时出现大大的漂亮计数器图片和公告栏图片也绝非上策。所以这里建议选择计数器图片时最好挑选一些精致小巧的图片。

统计代码可以添加在宝贝描述、宝贝分类和公告栏，以在公告栏上添加统计代码为例，具体操作步骤如下：

01. 进入“卖家中心”页面，单击左侧“管理店铺”，打开“店铺装修”页面。

02. 单击“店铺公告”一栏中的“编辑”链接，进入“店铺公告设置”页面。

03. 在“公告”栏中单击“编辑源代码”按钮，将统计代码粘贴到该文本框中，如图所示。

04. 单击“保存”按钮，即可在“公告”栏中看到设置的效果。

05. 再次单击“保存”按钮提交设置，计数器就显示在店铺公告中了。

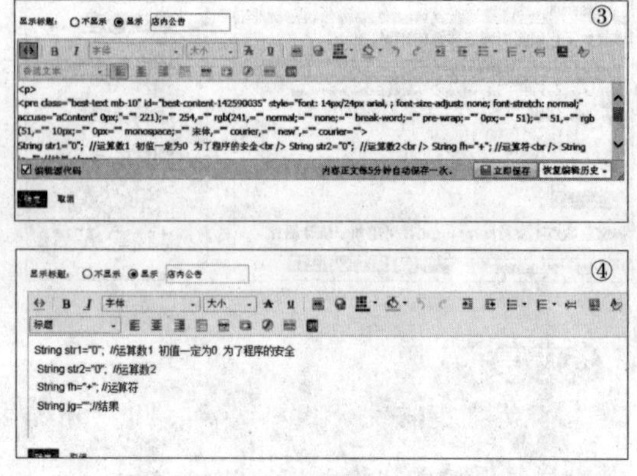

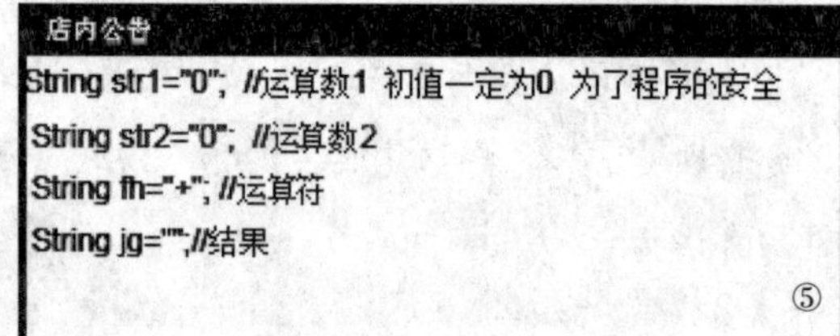

7.3 宝贝推广

实体店有柜台陈列和橱窗展示两种，顾客能面对面地对实物进行观察、触摸、试穿和试用。但是网络购物，顾客无法接触到商品实物，最能够引起顾客购买欲望的就是图片，顾客在看到图片后才去看文字描述。所以，图片质量的好坏，直接影响商品的点击率。

7.3.1 拍照：全面展示宝贝

有很多网店老板经常这样抱怨：“我店里的都是好商品，但是点击率为什么就是上不去呢？生意真是越来越难做了！”不知道这些卖家在埋怨的时候是否从自身寻找过原因：除了推广的因素，你制作的图片是否足够吸引人？

有人曾说，图片是网络销售的灵魂，这种说法毫不夸张，一张真实、清晰、漂亮的图片自然要比失真、模糊的图片有更高的点击率，而高点击率就潜藏着高成交率。那么，网店的商品图应该是什么样的呢？一般说来，好的图片应该具备以下 3 个要素：

（1）色彩真实。

（2）图片清晰。

（3）细节得当。

为了更好地吸引顾客眼球，卖家可根据自己商品的实际情况，从上面所述的 3 要素着手，做以下 3 方面的努力：

1. 统一尺寸

卖家应当保证店面的美观。目前淘宝网上显示的图片有 3 种不同的尺寸，在浏览商品的时候看到的图片最大显示比例是 80 像素 × 80 像素。所以，卖家可以把图片做成长方形或正方形，或横或竖地整齐排列，尽最大的可能保持店铺里面的图片大小一致。

2. 构图和拍摄方式

正方形图片应用最为广泛，它能够占据最大的空间。我们在拍摄正方形图片时应当注意以下 3 方面的事情：

（1）把商品放在黄金分割点上。

（2）把商品放在正中间。

（3）利用对角线。

如果拍摄长方形尺寸的图片，也可以利用对角线，或者将镜头放在商品的正中间，只拍摄其中的一部分；如果你要拍摄的商品尺寸很长，比如皮带、毛巾、丝线等，对于这样的商品可以拍摄局部，正如俗语所云：管中窥豹，可见一斑；如果商品有漂亮而又完整的外包装，我们可以尝试将盒子和商品一起拍摄，或以盒子为背景进行拍摄。

3. 主体突出

图片只需要一个主体，而且要尽可能大。图片的背景愈简单愈好，不可用拼凑的缩略图作为背景。在缩略图里其实什么也看不清楚。如果你需要提供更多的图片，请放到商品描述里。

有一卖家拍摄的图片点击率明显高于别人的同类商品，与同行谈论拍摄经验时，他坦言说道："图片是网店销售的灵魂，因此网店上展示的图片一定要突出商品的主体。我拍的图片很简单，但是牢牢把握住了这一点。网上购物，顾客主要是通过图片来了解商品，所以，我尽量让图片的颜色贴近实物，还要尽可能地表现出它的材质。因此，我的图片一般没有装饰，只有商品本身而已。当然，如果觉得一张完整的图片无法将自己商品的所有亮点都表现出来，还可以添加一些细节图片。"

网上购物，在顾客心目中，千言万语不及一张好的图片来得实在。但这并不是说，将所有要表现的东西都浓缩在一张图片之中。在条件允许的情况下，我们可以拍一张主图用来上传，然后再制作一个细节图放到商品描述里面，就能达到很好的效果了。

7.3.2 使用 Photoshop 处理图片

Photoshop 是比较常用的专业图片处理软件，使用它众多的编修与绘图工具，可以更有效地进行图片编辑工作，是网店卖家不可或缺的好帮手。

1. 调整图片色调

在 Photoshop 中通过调整图像，可以更改图片的明度、亮度和对比度等参数，使图像更加美观。

使用 Photoshop 调整图片色调的具体操作步骤如下：

01. 打开 Photoshop 图像处理软件，打开需要调整的宝贝图片。

02. 选择"滤镜"→"锐化"→"US 锐化"命令，打开"USM 锐化"对话框，设置"数量"为 75%，"半径"为 5.0 像素，然后单击"确定"按钮。

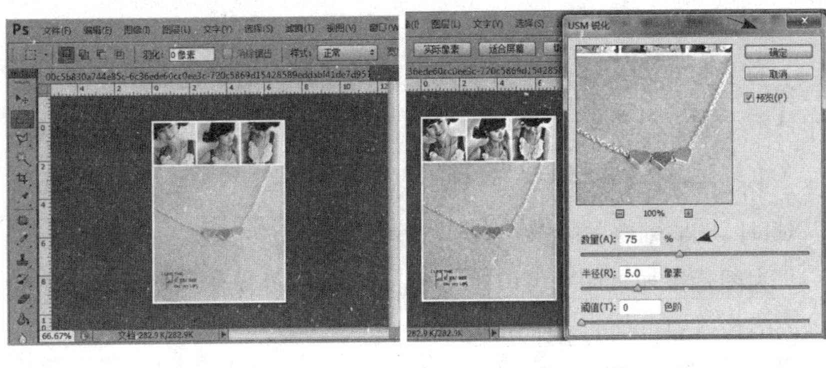

① ②

03. 选择“图像”→“调整”→“亮度 / 对比度”命令，在打开的“亮度 / 对比度”对话框中，设置“亮度”为 20，“对比度”为 5，然后单击“确定”按钮。

04. 选择“图像”→“调整”→“曲线”命令，调整“蓝”通道曲线，然后单击“确定”按钮。

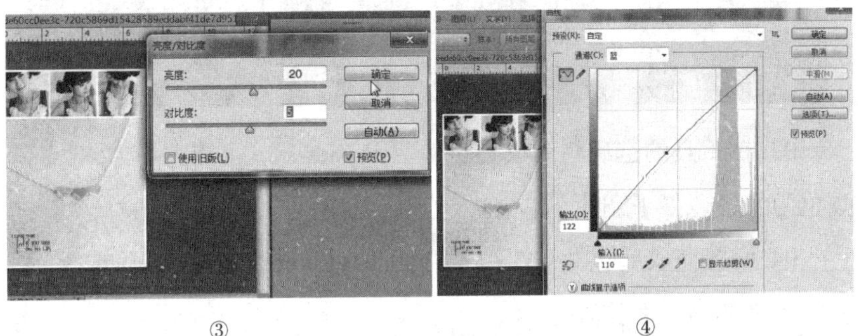

③ ④

05. 选择“文件”→“存储”命令，在打开的“JPEG 选项”对话框中，单击“确定”按钮，存储修改后的图像。

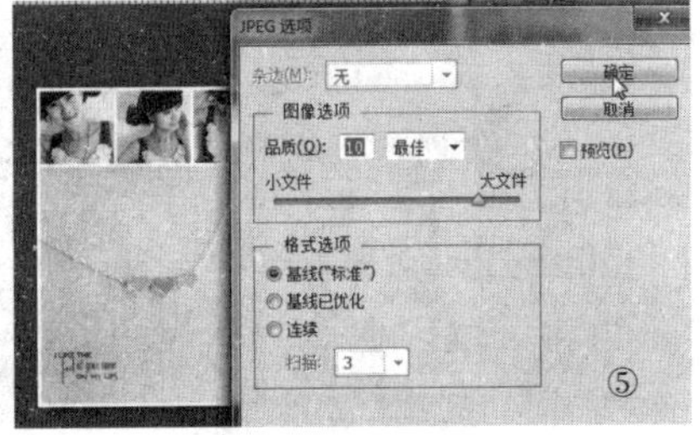

⑤

2. 为图片添加水印

为了防止别人盗用自己辛苦拍摄的图片，给自己的图片加上水印是不少淘宝卖家常用的防盗措施。水印中的文字既可以是店铺的网址，也可以是店铺的名称，这样不仅能够防止图片被他人盗用，还可以对自己的店铺及商品做有效的宣传。

为图片添加水印既可以使用 Photoshop 软件操作，还可以使用淘宝网图片空间自带的水印功能。

用 Photoshop 为图片添加文字水印的具体操作步骤如下：

01. 打开 Photoshop 图像处理软件，打井需要添加水印的商品图片。

02. 右击 T 按钮，选择“横排文字”工具。

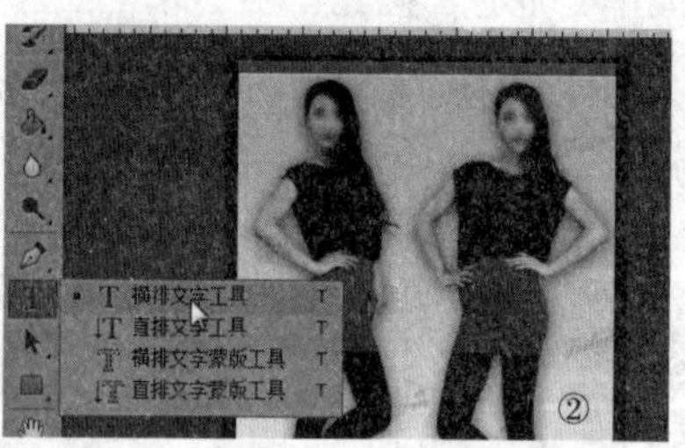

03. 在工具的选项栏中设置字体为 Broadway，字体大小为 48 点，颜色为红色，如下图所示。

04. 设置完成后，输入文字内容按 Ctrl+Enter 键结束。然后选择“移动”工具调整文字位置。

05. 双击文字图层，打开“图层样式”对话框。在“混合选项：自定”选项卡中设置“不透明度”为40%。

06. 选中“投影”选项，设置“不透明度”为100%，“距离”为7像素，“大小”为2像素，然后单击“确定”按钮。

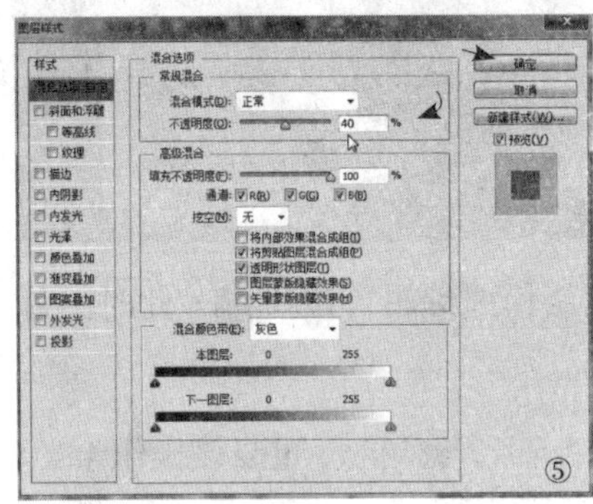

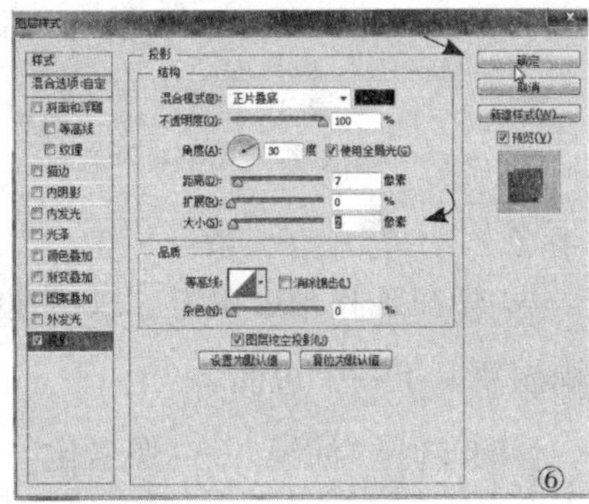

07. 完成水印的添加，效果如下图所示。

3. 给宝贝添加边框

为了使图片更美观，卖家可以为宝贝添加一个边框，具体操作步骤如下：

01. 启动Photoshop程序，选择“文件”→“打开”菜单项，在弹出的“打开”对话框中选择本小节的图片素材，然后单击“打开”按钮。

02. 图片在 Photoshop 操作窗口中打开，在工具箱中选择“矩形选框”工具，在图片上画一个矩形选框，如下图所示。

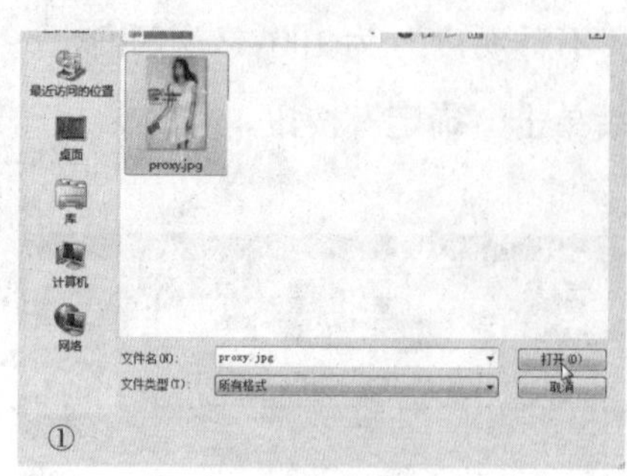

03. 在工具箱中单击“以快速蒙版模式编辑”按钮，此时图片周围蒙上了一个边框。

04. 选择“滤镜”→“像素化”→“碎片”菜单项，重复该操作 4 次。

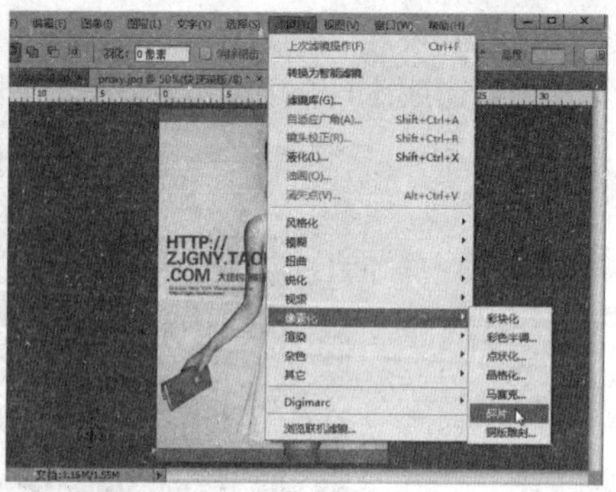

05. 选择“滤镜”→“锐化”→“锐化”菜单项，重复操作 6 ~ 8 次，这里重复 6 次。

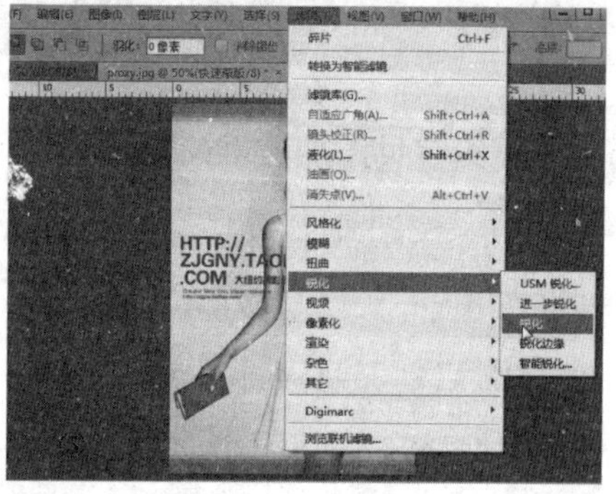

06. 操作后的效果如下图所示。

07. 在“工具箱”中单击“以标准模式编辑”按钮，此时图片添加边框的部分呈滚动的虚线显示。

08. 单击“图层”面板下方的“创建新图层”按钮，创建“图层 1”图层。

09. 选择“选择”→“反向”菜单项，将要添加边框的部位选中。

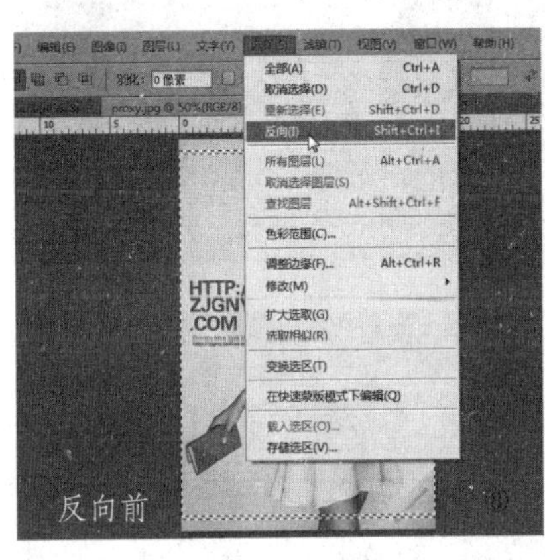

10. 选择“编辑”→“填充”菜单项，随即弹出“填充”对话框，在“使用”下拉列表中选择“颜色…”选项。

11. 随即弹出“拾色器”对话框，在“选择一种颜色”颜色框中选择合适的颜色，然后单击“确定”按钮。

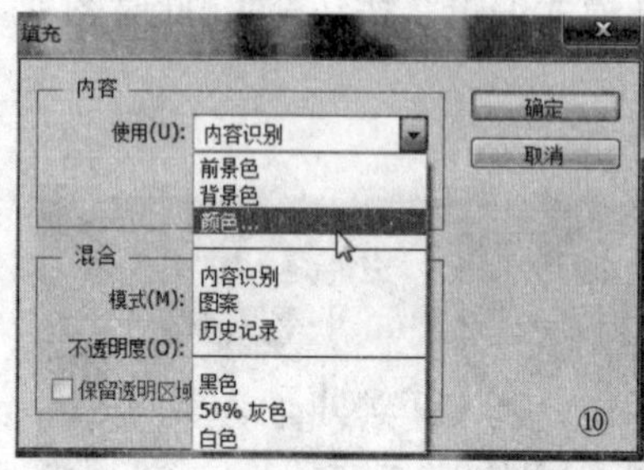

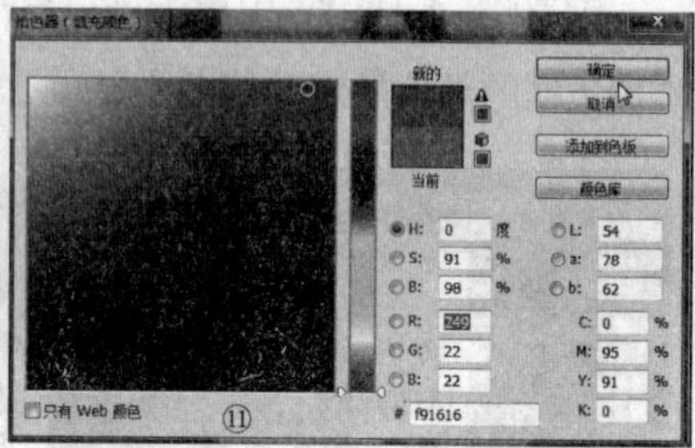

12. 返回“填充”对话框，单击“确定”按钮。

13. 返回 Photoshop 操作窗口，按下“Ctrl+D”组合键取消选框。

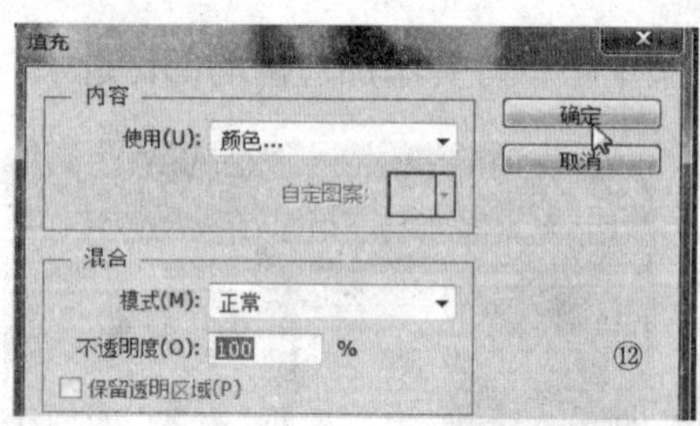

14. 单击“图层”面板下方的“添加图层样式”按钮 fx，在弹出的列表中选择“描边”选项。

15. 随即弹出“图层样式”对话框，在“结构”框中的“位置”下拉列表中选择“外部”选项，然后单击“颜色”处的按钮。

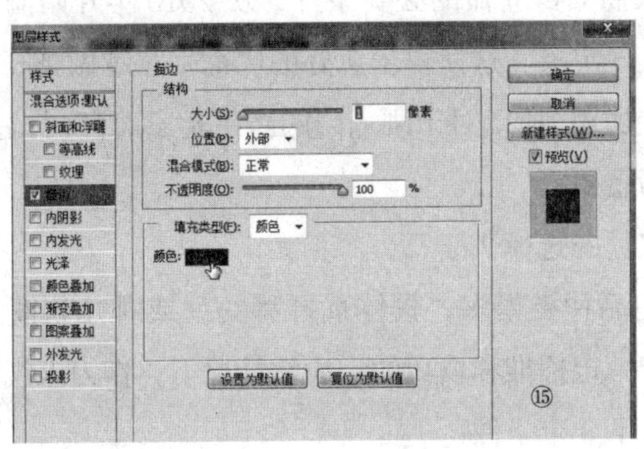

16. 在弹出的“拾色器”对话框中选择一种颜色，这里选择白色，然后单击“确定”按钮。

17. 返回“图层样式”对话框，单击“确定”按钮即可。

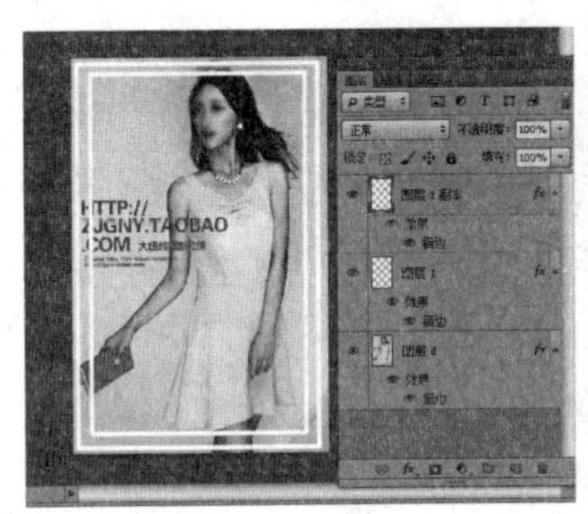

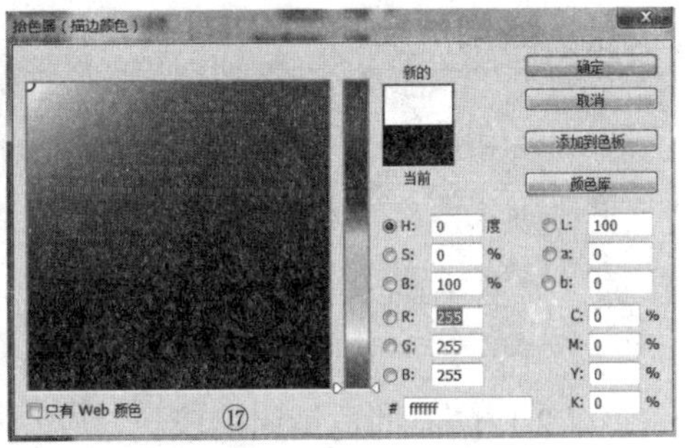

18. 返回 Photoshop 操作窗口，即可看到图片的效果。

19. 选择“文件”→“存储为”菜单项，保存图片即可。

7.3.3 人气宝贝打开局面

所谓人气宝贝，即常被人们戏称为“镇店之宝”的商品，拥有“镇店之宝”是淘宝店铺提升人气和浏览量的保障，也是卖家安身立命的必要条件。在“马太效应”尤为突出的今天，人气宝贝现在几乎已经成为淘宝卖家们安身立命的必要条件，从 2010 年开始淘宝网的默认搜索已经是人气宝贝。这使得生意好的店铺生意越做越旺，而生意差的店铺则雪上加霜。所以对于刚入门的新手卖家而言，打造自己的“镇店之宝”尤为重要。

1. 人气宝贝的选择

店铺中商品种类繁多，具体选择哪一款或哪几款商品作为“镇店之宝”是有一定标准和技巧的。通常情况下，作为人气宝贝培养的商品当具备以下 3 个条件：

（1）适销商品

适销商品：质量、价格、品种迎合社会消费需求的商品。适销商品购买的顾客较多，有一定的市场需求。选择作为人气宝贝的适销商品需要买的人越多越好。

技巧提示

具有一定的前瞻性是选择人气宝贝不可或缺的前提。淘宝店铺的推广效应极其有限，如果能够和官方的推广活动结合起来，自然事半功倍。

（2）商品的适销周期较长

培养一个人气宝贝也不是一蹴而就的，它需要一个漫长的过程，所以，选择的人气宝贝必须要有较长的适销周期，而不要选择寿命短的商品来作为人气宝贝。

（3）质量要好

质量是顾客最为关心的问题，所以卖家所选择的人气宝贝要有一定的质量保障，并不是说一定是店铺中质量最好的商品才行，因为顾客能够得到最佳的体验效果才是卖家需要的最终结果，并能够体现到购买评价中。

（4）市场认可度高

挑选的人气宝贝要有较高的市场认可度，这种商品最好为大众所熟知，价格比较透明，而且很容易被大众接受，这种商品虽然销售的店家也会较多，但是如果卖家为该商品制定一个低价战略，就很容易独占鳌头打开局面。

2. 人气宝贝的推广

选择好了要培养的人气宝贝后，下面要做的事情就是推广。推广一定要做到具有目的性，要先了解一下人气宝贝的判定标准，直白地说，就是怎样的商品才能算是人气宝贝呢？

人气宝贝主要与下面 5 个因素有关：

（1）成交量（最关键）。

（2）宝贝被收藏次数。

（3）浏览量。

（4）店铺信誉。

（5）好评率。

以上五大因素自然是越高越好，因为淘宝会根据这些因素给出一个综合的评分，综合分高的宝贝，就是人气宝贝了。

下面，卖家就应针对以上五大因素进行推广了。推广是一门硬功夫，具体方法也是五花八门，这里介绍一些比较快的培养方法：

（1）基础设置

基础设置：在自己店铺的操作权限之内做一些简单、基础的推广方式。如 VIP、折扣券、促销区推荐、橱窗固定推荐、店铺掌柜推荐等。这些设置都可以在一定程度上增加宝贝的曝光率。

（2）从身边卖起

发动身边的亲朋好友，要他们来买或推荐他们的熟人来买。这个办法虽然有炒作之嫌，但不能算是刷信誉，而且见效会比较快。如果卖家的朋友是真正购买，那是最好不过。即使不是真买，假买也可以。

写评语的时候注意叮嘱朋友们尽可能地如实写，不要言过其实、过分夸大，否则会抬高后面的真正买家的期望值，容易导致后面顾客的不满。

（3）增加收藏人群

发动所有能动员的人来收藏宝贝，可以找亲朋好友来收藏，联系老顾客帮忙收藏。除此之外，还可以和其他店铺的掌柜交换收藏。

技巧提示

现在淘宝社区里有不少掌柜间互相收藏的帮派，卖家可以加入这些帮派，花一些时间“相互帮忙”一下，把收藏人数给做上去。

（4）低价捆绑销售

用低价换好评。当顾客在店铺中购物时，卖家可以以成本价格将自己将要打造的商品卖给顾客。当然，能够从中获利自然更好，如果不能从中获利，一定要和顾客协商好，等收到货后要及时评价并能帮你写上好的评语。

使用这个办法要注意的一点就是：降价容易升价难。所谓低价交易、成本价交易都是一种私下行为，这些价格都不能公开示众。即使通过低价卖了不少，把宝贝给做热了，可是，当卖家再欲提价时，以前的销售记录仍在，后面购买的顾客就极有可能会看到，那么成交量就有可能会大打折扣。因此，鉴于商品升价困难，所以应叮嘱那些低价购买的顾客在评价里不要透露价格。

技巧提示

使用低价捆绑的时候要注意，买家和卖家的实际成交价格不能低于商品标价的4/5，否则即使交易成功也对我们打造人气宝贝没有帮助，因为这样并不能作为有效交易而计入成交量的。

（5）使用各种宣传方式

卖家应想方设法宣传宝贝，提升商品的人气，如可采用发帖、直通车、淘客等方式。当这个宝贝排名在前面几页的时候，就可以说是人气款了，带来的流量也将是非常可观的。

3. 人气宝贝的维护

卖家不能对卖火了的人气宝贝置之不管，毕竟在打造人气宝贝时，卖家花费了很多的心血，因此，经常维护人气宝贝非常重要。

在实际买卖中，由于买家的层次复杂，各人情况和评价标准的不同，所以，同样的商品不同的顾客购买之后，有的人由衷称赞，而有些人则将其贬得一文不值，这样的例子在淘宝上屡见不鲜。宝贝卖得越多，中、差评的概率也就越大。所以对于人气宝贝的中、差评，卖家一定要加倍认真对待，想尽一切办法让买家改成好评，哪怕需要贴钱。尤其是评语，因为商品的评价详情里只显示顾客的评语，是不会出现是好评还是中、差评的。一条好的顾客评语可以将商品捧上青天，而一条差评则极有可能让商品堕入地狱。

在淘宝激烈竞争中，逆水行舟不进则退是永远的箴言。所以人气宝贝的维护还需要做到持续不断的推广。卖家决不能因为现在的宝贝流量已经很可观了就放松推广工作。

技巧提示

现在有很多卖家使用“找人代刷”的方式来打造人气宝贝，笔者不建议这样做。因为这样做需要为此承担两个风险：一是有可能会被帮你炒信誉的人敲诈，增加不必要的麻烦；二是情节严重的话，会被淘宝网查处，甚至是被封店。

7.4 其他宣传措施

除了上述提到的推广方式外，还可以利用聊天工具等方式来进一步推广店铺。

7.4.1 聊天工具的宣传作用

在淘宝购物的买家多半都会与商家进行旺旺交流，因此，卖家一定要充分利用旺旺交流这一聊天工具，绝对不应该错过如此好的推广平台和推广机会，在与顾客交流时可以进行一些日常的、零散的推广宣传。

1. 合理利用旺旺头像

卖家与顾客交流时彼此留下的第一印象就是旺旺头像，旺旺头像也是卖家对商品信息的补充说明，作用相当于店铺里的店招。往往头像的目的可以是让顾客了解卖家的主营内容和经营范围、经营定位等。因此，卖家可以使用店内的商品、近期的促销活动、加入的联盟等信息来设计旺旺头像，如果再加入一些介绍促销的优惠信息，跟顾客聊天时就像是在不断地播放店铺的广告短片，能够起到很好的推广作用。

2. 滚动播放签名

我们可以将 5 条旺旺签名设置成各种促销信息并选择滚动显示，如国庆大酬宾、春节大放送、季末大甩卖、冲钻大优惠、有买有赠大促销等。这些促销型签名，不仅让那些加我们为淘友的人都能随时看到，那些正在与卖家进行旺旺交流的新老顾客更能随时从对话框上看到这些推广消息。

3. 设置自动回复

如果需要暂时离开电脑去处理其他事务，可以将一些促销信息设置在自动回复里，启用旺旺的自动回复功能，譬如春节来临之际，本店为酬谢新老顾客一直不离不弃的支持，特推出“归心送暖”活动，凡在本店一次性购物满 500 元，立送精美礼品一份，满 800 元立送 100 元移动充值卡一张……如此一来，只要有人联系我们，系统都会自动将这段文字回复给对方，一些本来不知道有促销活动的顾客，通过系统的自动回复就知道了。当旺旺接待很繁忙的时候，也可以使用自动回复来安抚等待我们答复的顾客，不仅能够起到很好的缓冲作用，还能够将一部分正在浏览的顾客吸引到店铺中来，有效地促使他们进入店铺活动区浏览促销商品。

4. 分组和好友信息

在添加淘友的时候进行合理的分组，例如，将顾客分为老顾客组和新顾客组等，还可以在此组之下，再根据顾客购买的商品属性来区分各个子组，当顾客再次光临我们的店铺的时候，只要看旺旺提示的所属分组就能知道个大概。如果在此基础上又编辑过好友信息，例如：在“老客户”的分组中添加“宝姐姐”为好友时，在 ID 后面增加一个“鞋帽时装”的简短说明，那么，今后“宝姐姐”这个 ID 来进行旺旺交流时，一看到这个备注就能回忆起来者是来购买衣服鞋帽的。卖家由此拉近了与顾客的距离，可以更快地进行有效沟通，这些对我们的日常接待和销售都大有帮助。

8 站内推广

8.1 利用淘宝直通车进行推广

淘宝直通车：简称直通车，是由阿里巴巴集团下的淘宝网和雅虎中国进行资源整合，推出的一种全新的搜索竞价模式。其竞价结果不仅可以在淘宝网（以全新的图片 + 文字的形式显示）上充分展示，还可以在雅虎搜索引擎上显示。每件商品可以设置 200 个关键字，卖家可以看到淘宝和雅虎上的排名位置，并按照每个竞价词可以自由定价，按实际被点击次数付费。（每个关键词最低出价 0.05 元，最高出价 100 元，每次加价最低为 0.01 元）

淘宝直通车是为淘宝卖家量身定制的、按点击付费的效果营销工具，实现对宝贝的精准推广。用一个点击，让买家进入你的店铺，产生一次甚至多次的店铺内跳转流量，淘宝直通车这种以点带面的关联效应可以降低整体推广的成本，提高整店的关联营销效果。同时，淘宝直通车还给用户提供了淘宝首页热卖单品活动和各个频道的热卖单品活动以及不定期的淘宝各类资源整合的直通车用户专享活动。用一位行内前辈的话总结：淘宝直通车推广在给宝贝带来曝光量的同时，精准的搜索匹配也给宝贝带来了精准的潜在买家。

8.1.1 淘宝直通车的优点

（1）多

全方位、多维度提供各类报表以及信息咨询，为推广宝贝打下坚实的基础。

（2）快

便捷、快速的批量操作工具，让商品管理流程更高效、更科学。

（3）好

智能化的预测工具，有效地帮助卖家制订宝贝优化方案。

（4）省

地域、时间管理方式人性化，省时省力，更有效地控制了推广费用，节约了推广成本。

8.1.2 淘宝直通车广告步骤

（1）当卖家为某一款商品做推广时，就要为该宝贝设置相应的广告推广标题和竞价词。

（2）当买家来淘宝点击了本宝贝的类目或设置了搜索的竞价词时，广告就会出现，展示在搜索结果页最上方的右侧及最下方。

（3）如广告只是展示，没有人点击，是不计费的。如果买家点了本直通车广告，系统就会根据设定竞价词的点击价格来扣费，每次点击最低 0.05 元。

8.1.3 扣费原则

直通车没有点击不扣费，在淘宝直通车的广告位——掌柜热卖里是按照点击扣费的。只有顾客通过直通车展示位点击商品才会扣费，卖家自己点击也会扣费。

扣费的计算方法：出价 × 下一名质量得分 / 本人质量得分 +0.01 元（扣费小于等于本人出价和时间投放百分比之积）。

讲到这里，或许早就有很多卖家心存疑虑，如果有其他人进行恶意点击，岂不是花了冤枉钱？淘宝的直通车系统针对恶意点击设置了很强大的防辨系统，确保每个点击都是真实有效的，如图所示。

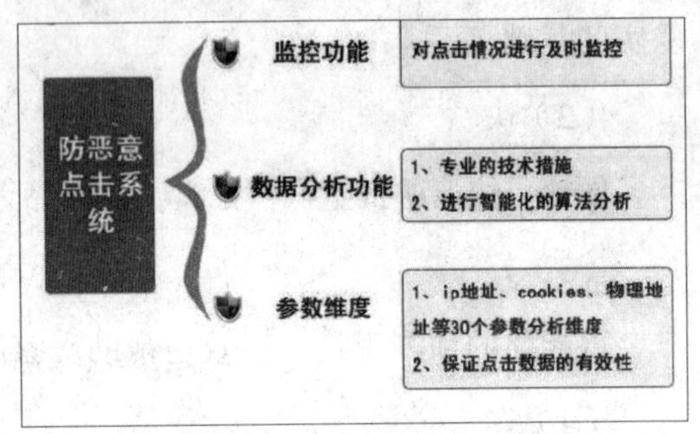

另外，鉴于淘宝流量巨大，淘宝直通车具有很强的成本控制功能：

（1）自主选择投放时间、地域——选择想要投放的时间段、地区。

（2）自主控制每日最高限额——严格控制每日预算。

（3）自由控制关键词价格——根据自身成本投入设置价格，可随时调整。

直通车用户可以在业务发展的不同阶段，根据自己店铺的实际经营情况，针对不同宝贝量力而设。

8.1.4 淘宝直通车展示位置

根据展现资源和匹配技术的不同，现有的淘宝直通车推广形式主要可分为搜索推广和定向推广两种类型。另外，淘宝直通车还设有增值服务推广，即活动推广。

（1）搜索推广

在淘宝直通车后台为推广的商品拟定一个合理的价格，设置相关的关键词以迎合买家的搜索意图，当买家搜索该关键词时，用户的推广宝贝就会得到展现，在最短的时间内帮助卖家精准锁定潜在目标客户。

搜索推广的展现资源：淘客搜索页面、热卖宝贝搜索页面、淘宝网关键词搜索页面、商品分类搜索页面。

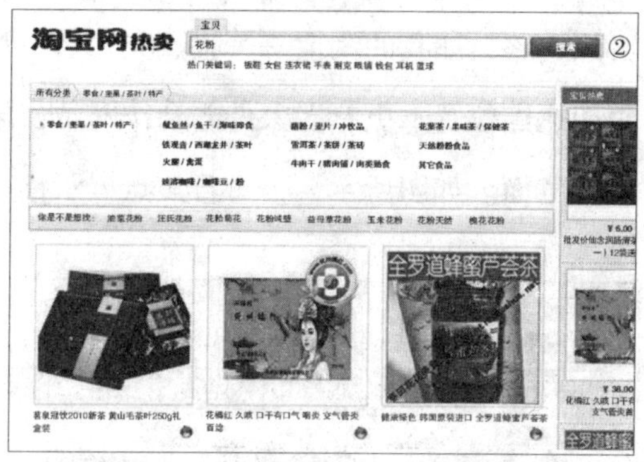

①淘客搜索页面，如图所示。

②热卖宝贝搜索页面，如图所示。

③关键词搜索是在搜索框输入关键词，单击“搜索”按钮后进入的页面。展现位置为搜索页面的右侧15个和下方5个位置，如图所示为下方的展示位置。

④商品分类搜索则是通过类目导航选择进入的页面。展现位置也为搜索页面的右侧和下方位置，如图所示为右侧的展示位置。

（2）定向推广

通过人群行为习惯定向、人群基本属性定向、网页内容定向等创新的多维度人群定向技术，再利用淘宝网庞大的数据库，根据不同顾客在各种浏览路径下的不同需求和兴趣，帮助卖家分析有意向购物的顾客，并将卖家的推广信息给买家展现在浏览的网页上。

定向推广的展现资源：淘宝网站众多高流量、高关注度的买家必经之路，如我的淘宝——收藏夹、已买到的宝贝，旺旺每日焦点等页面热点位置，更有多家外部合作网站，延伸到潜在客户网络体验的各方各面。如图所示，为每日焦点展示推广。

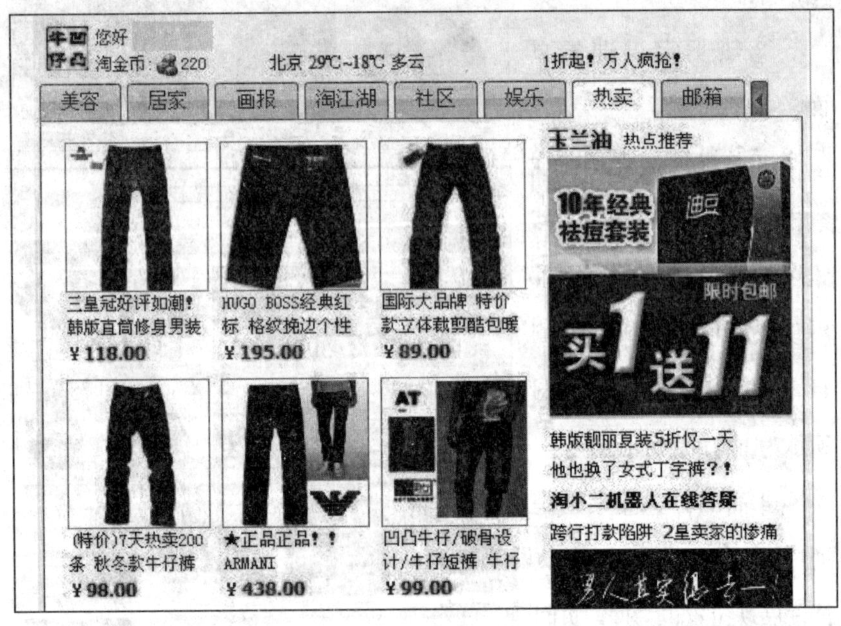

站内定向推广的推广商品功能是默认启动的，卖家可以在宝贝的关键词管理页面看到“定向推广出价”功能，单击“编辑”即可为

该商品设置其在定向推广中的价位，而出价的高低将决定宝贝在定向推广位置上的展现概率。单击“设置投放平台”即可进入商品所在的推广计划，可以取消定向推广。此处调整对该推广计划中的所有宝贝生效，需谨慎操作。

（3）活动推广

即增值服务，直通车卖家通过自主报名的方式，将一部分符合淘宝特别运营主题要求的宝贝，在某一特定时间段、某一特定展示位统一展现。

以频道页面、首页等能获得大量流量的主题运营页面为例，如图所示。

8.2 积极参与淘宝网活动

淘宝网经常会举办商品促销活动、商品招商活动、卖家培训活动等各类活动，卖家参加这些活动可以享受淘宝网更好的推广资源以及学习更多的淘宝知识。

8.2.1 参加淘宝网活动

报名参加淘宝网活动的具体操作步骤如下。

01. 进入我的淘宝页面，单击“营销中心”栏下的“活动报名”链接，进入活动列表页面，如图所示。

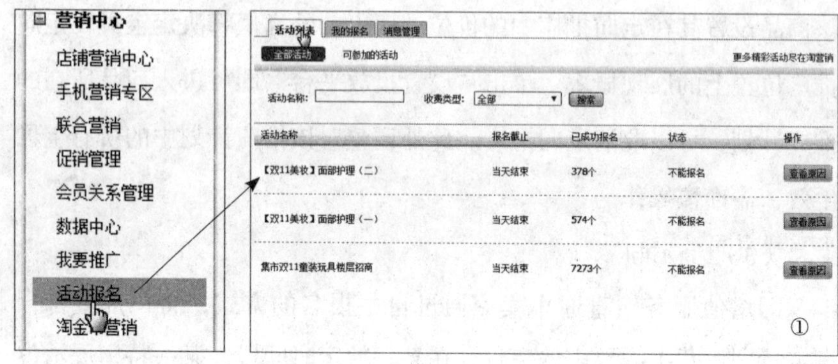

02. 选择想要参加的活动，单击该活动下方的“活动详情”链接，查看自己是否符合参加活动的条件。

03. 确认符合条件后单击“去报名”按钮。

04. 在打开的页面上填写报名信息，输入完成后单击“马上提交”按钮即可。

8.2.2 加入淘宝商盟

淘宝商业联盟，简称淘宝商盟，是为了增进商盟成员之间的友谊、整合各种资源优势，以推动商盟成员店铺的业务发展，促进地区电子商务进程为根本目的商业联盟。淘宝商盟是一个基于淘宝网的行业性或者区域性的联盟，致力于强调诚信制度。

只要是加入淘宝商盟的正式成员，在商盟首页上、店铺首页的掌柜档案、阿里旺旺对话框的名片上都会显示正式盟员标识。对于申请组盟或加入商盟的店铺需要满足以下几点要求：

（1）发起人，也是盟主，与商盟的重要联络人员没有任何差评、警告等信誉问题；盟主必须具有三心以上图标，并且有50件以上的商品，发帖数量超过1000帖。

（2）就目前而言，尚不支持行业商盟的组盟申请；不支持90年代商盟、摄影爱好者联盟等非实质性商盟申请；地方商盟要求是城市商盟或地区商盟。

（3）一个卖家最多只允许同时加入两个商盟。两个商盟必须一个为行业商盟，一个为地方商盟。

（4）商盟正式盟员拥有的商品数超过30件；盟员无任何不良记录；盟员的信用度必须在二心以上。

技巧提示

淘宝商盟要求盟员“无淘宝处罚记录”，不包括历史或已经撤销的处罚。这里的“无淘宝处罚记录”主要包括：警告、查看、监管等任何淘宝网对您做出的处罚。

只要符合以上各条要求，就可以加入商盟或者申请组盟了，加入商盟的具体操作步骤如下：

01. 进入淘宝网首页，单击底部“网站地图”链接，打开“网站地图”页面。

02. 在“淘宝社区”一栏中单击“淘宝论坛”链接，进入“淘宝论坛”页面，如图所示。

03. 单击“全部论坛”链接，进入页面，单击“入盟申请”。

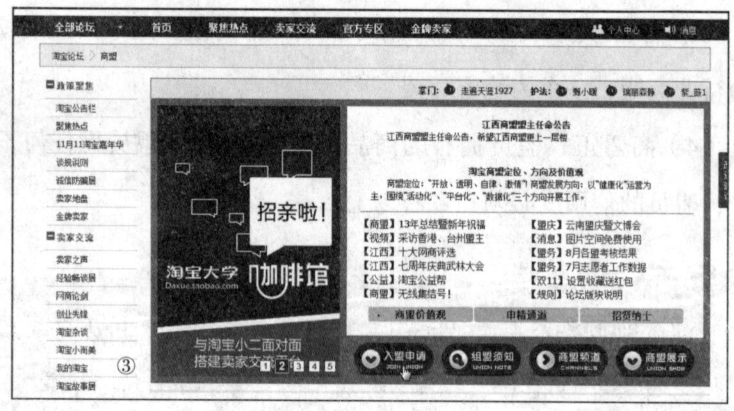

04. 在打开的页面中阅读所选商盟盟规及入盟要求，并按照要求填写入盟申请表。

05. 商盟盟主审核通过后就会给卖家加上商盟标记。

8.3 论坛推荐位与活动赞助

淘宝每天都有来自于各个板块的新闻资讯、生活便利、娱乐八卦等，浏览量非常巨大，是一个人气非常旺盛、活跃的网上社区。因此，要想做一个精明的商家，论坛推荐位和帮派活动赞助这类推广方式也不容错过。

8.3.1 论坛广告位

在论坛首页上，各种付费购买的广告位大小不等，位置各异，还有直通车活动的“热卖单品”广告位，每天都能够为商家带去大量的流量，但也需要有一定的资金投入。如图所示的就是一个较为常见的淘宝论坛的推荐广告位。

如图所示的是热卖单品广告位的申请流程，从“卖家中心”→“营销中心”→“我要推广”进入页面，单击淘宝直通车按钮，根据商品分类和活动时间选择合适的活动去报名参加，只要加入活动成功，活动商品便会出现在淘宝首页和论坛首页的“热卖单品”广告位里。

我的推广计划　您可以根据不同的推广目的、宝贝类型，添加多个推广计划，让您的推广更有效，了解详情 >>

+ 新建推广计划　暂停推广　参与推广

	状态	推广计划名称	计划类型	分时折扣	日限额	投放平台
	没有参与任何活动	活动专区	活动专区	100%	不限	-
	推广中	111	标准推广	100%	30元	计算机 移动设备
	推广中	限时促销活动	标准推广	100%	30元	计算机 移动设备
	推广中	地1	标准推广	100%	30元	计算机 移动设备
	推广中	默认推广计划	标准推广	100%	30元	计算机 移动设备
		(合计)			不限	-

活动流程：

1. 加入直通车
2. 进入活动报名区
3. 选择活动
4. 出价
5. 审核
6. 展现

8.3.2 帮派活动赞助

相对于付费广告和直通车活动来说，提供店铺商品来赞助帮派活动的成本要小很多，淘宝有不少热门帮会，他们的成员数以万计，卖家只要报名成为活动奖品的赞助商，就能够在帮会里面名正言顺地打广告了。帮会的相关管理人员会给每个活动奖品的赞助商一个广告展示位，这个展示位非常醒目，但其带来的推广效果则取决于活动的热度，广告位如图所示。

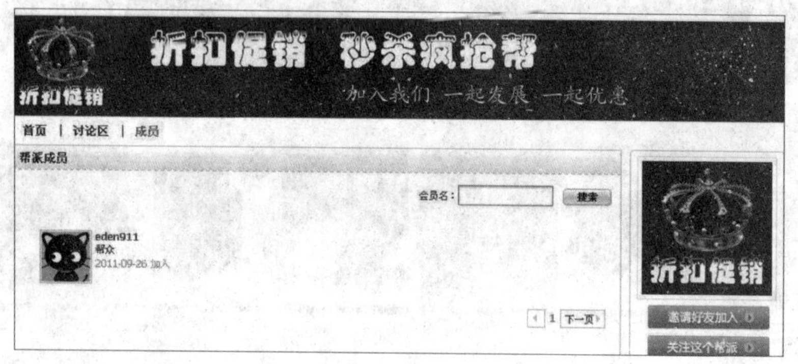

8.4 在帮会里增加影响力

随着淘宝的用户群体不断加大，绝大多数淘宝卖家彼此之间都不认识，虽然他们有着相似的目的，共同的需求，可是沟通起来还是较为困难。在淘宝帮会成立后，这些有着类似需求的用户可以很方便地找到“组织”。由于这里每天聚集了大量的买家和卖家，有超高的人气和流量。所以，不管淘宝卖家是创建帮会还是加入帮派，都是一个拓展商机和人脉的过程，对增加自身和店铺的影响力有着不容忽视的作用。

我们可以利用帮派来发布商品流行趋势的资讯，对顾客进行购物或搭配的指导，打造出店铺的专业形象；也可以利用帮派建立店铺的 VIP 会所，在这里经常与新老顾客进行互动，增加店铺的黏性。

卖家还可以加入到一些和自己有着同样或类似的经营范围的帮会之中，积极参与热点讨论，在帮派里逐渐积累人气或者加入一些人气火爆的免费试用、试吃帮派，为了增强顾客的体验感，可以采用试用品的推销方式，用更直观、更直接的方式推销商品。

8.5 添加友情链接

添加友情链接，不但可以增加店铺的浏览量，还能促进卖家与卖家之间的交流。

添加友情链接的具体步骤如下：

01. 进入“卖家中心”单击左侧“管理店铺”→“店铺装修”进入页面后单击“页面编辑”按钮。

02. 加载后弹出“添加淘宝链接”对话框，单击“添加新链接”按钮。

03. 随即页面进行了更新，在“淘宝会员名”文本框中添加对方的会员名，然后单击“添加链接”按钮。建议用户也让对方把自己加进友情链接中，这样当买家在查看对方店铺时，有可能也会注意到友情链接中的用户，随即会点击链接访问用户店铺。添加友情链接后，在“管理已有链接”栏中会显示出来。

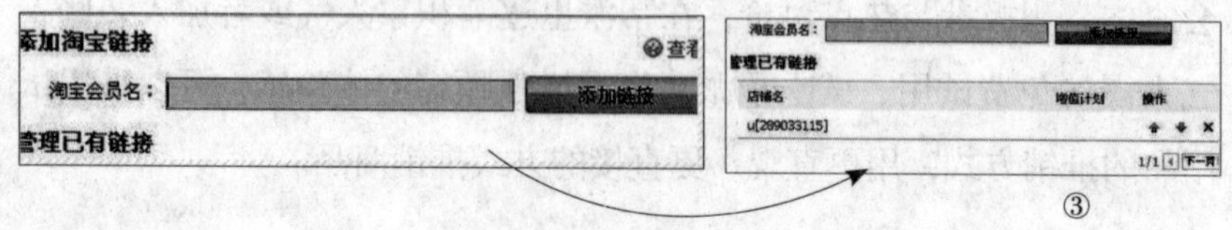

04. 添加完友情链接后，单击“关闭”按钮返回“淘宝网店铺管理平台”页面，此时在“友情链接”栏中显示添加的友情链接会员的店铺名。

友情链接

U[289033115] ④

8.6 利用淘宝客推广网店

淘宝客也是每个店铺都必须采用的一种推广手段，它是一种按照成交后支付佣金报酬计费的推广方式，是一个非常好的推广工具。你只需要拿出利润的一小部分即可，因此，这也算是没有成本的免费推广模式。

下面我们先来简要地介绍一下淘宝客推广的流程。第一步：淘宝客从淘宝联盟获得推广商品的链接，而链接卖家事先早已设置好；第二步：淘宝客在论坛、博客、个人网站、聊天室或者通过其他的方式帮助淘宝卖家推广商品；第三步：买家通过点击这些广告链接完成交易后，淘宝将会把卖家之前承诺的一定比例的佣金直接转给淘宝客，最终完成所有的环节。

那么使用淘宝客有哪些好处呢？淘宝客推广可以让你的店铺商

品遍布互联网，让店铺商品的广告无处不在，从而将卖家潜在的客户人群大大地拓宽了。接下来，我们简单地介绍一下设置淘宝客推广的基本步骤：

（1）首先，登录进入淘宝后台，单击“营销中心”栏中的“我要推广”，进入推广服务页面。单击“淘宝客推广”区域中的“马上进入”按钮。

（2）进入到“淘宝掌柜推广类目佣金设置”页面。卖家在此处选择好产品的类目。如此一来，淘宝客就可以依据卖家所设置的类目很容易地搜索到卖家将要推广的商品了。

（3）通常情况下，卖家将佣金的比例设在15%~50%，可以随自己的意愿卖家设置支付的佣金。单击最右边“修改佣金比率”中的“修改”。

（4）在打开的“类目佣金比率修改”窗口中，依照卖家的利润来进行设置佣金的比率，这种店铺一般不宜设置过高的佣金比率。填好后，单击底部的“保存”按钮完成类目佣金的设置。

（5）设置店铺的主要推广商品，请注意，主要推广商品只有30件的额度。卖家可以选择店里的热卖商品作为主推商品，将之推上去，提高佣金比例。设置好这部分以后，你的推广商品才能被淘客们看到，而店铺的其他产品他们是看不到的。

（6）接下来单击“新建主推商品”按钮，进入到“新增主推商品”页面。

（7）在“新增主推商品”页面选择好需要推广的宝贝之后，单击“下一步，设置佣金比率”按钮。

（8）在打开的“佣金比率设置”页面中，拟定每件商品的佣金额度要根据自己的实际情况，这些作为特别推广的商品，卖家可以把佣金适当地设置高一点。完成后单击底部的“下一步：设置完成”按钮。

（9）最后，系统自动进入到“管理主推商品”页面。在这里卖家将看到所有已经设置好的推广商品，卖家如果觉得佣金比例设置不合适或者商品选择不当，还可以做调整或是删除等操作。

卖家还可以单击“交易查询”按钮，进入到“交易查询”页面，设置好查询时间以后就可以实时地查询你的淘宝客的推广成交状况。

如果卖家不想做淘宝客推广了，可以单击最右边的“退出淘宝客推广”按钮，进入“退出淘宝客推广”页面，再继续单击“确定”按钮，直接退出此服务。而一旦退出申请提交，卖家将在 15 天内不能再次参加。

8.7 钻石展位推广

精准定位是钻石展位的核心，钻石展位是淘宝网面向全网精准流量实时竞价的展示广告平台。钻石展位凭借淘宝海量的用户数据和多维度定向功能，为客户提供广告位购买、创意策略、精准定向、数据分析、效果监测等一站式全网广告投放解决方案，帮助客户实现更高效、更精准的全网数字营销。

下面就钻石展位的使用方法做一下简单的介绍：

01. 先登录淘宝网，进入卖家中心。单击“营销中心”类目下的“我要推广”文字链接。

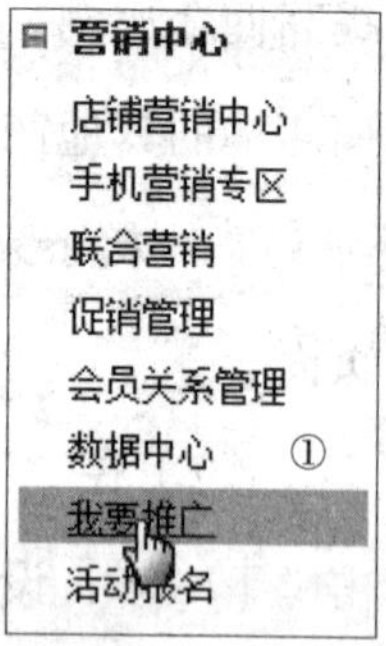

02. 进入到“我要推广”页面，单击右侧的“钻石展位”图标。

②

03. 进入“钻石展位”页面，如图所示。因为钻石展位每周报名的名额有限制，因此如果本周报名的名额已满，卖家就只有等到下周了。

③

04. 向下拖动滚动条可看到关于钻石展位的介绍。

继续向下拖动滚动条，可以看到钻石展位下面的帮助信息。帮助信息对于新手而言尤为重要，需要认真学习一下。

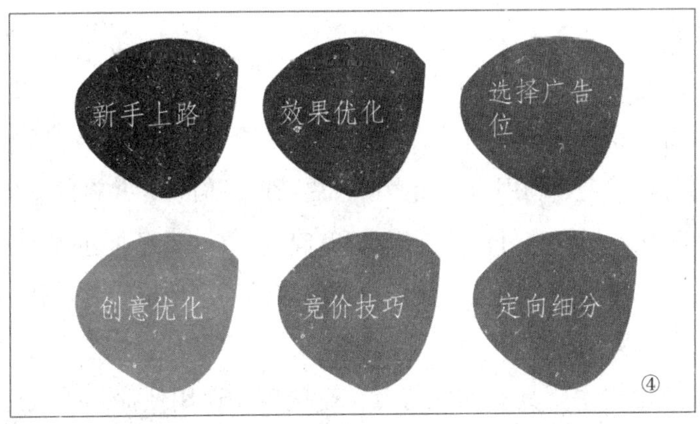

④

继续向下拖动滚动条，可看到钻石展位的报名、自学和考试流程。卖家提前一定要准备充分，只有准备充分了才能抓住来临的机会。

9 站外推广

9.1 微博推广

（一）微博

微博客：简称微博，是一种建立在用户关系信息分享、传播和获取基础之上的网络平台，用户可以通过 WEB、WAP 等各种客户端组建个人社区，以 140 字左右的文字更新信息，并实现即时分享。随着网络的普及，微博在网民中也愈加火热起来，微博效应也正在逐渐形成。

相对于其他媒体而言，微博在实时性、现场感、快捷性方面占有很大的优势，是手机短信、社交网站、博客和即时通信四大产品优点的集成者。

（二）微博营销

微博营销利用微博作为平台，将每一个粉丝、听众都视为潜在的营销对象，企业利用自己的微博，更新产品信息，并将信息传递给粉丝和听众，树立良好的企业形象和产品形象。要想通过微博达到营销的目的，每天都要跟大家交流更新的内容，这种推广方式就是人们所谓的微博营销。

微博营销主要具有四大特点：高速度、运用便捷、受众广泛、立体感强。

9.1.1 认识微博推广

微博有很多应用工具，用户使用非常方便。微博的基本功能有：发布功能、转发功能、评论功能、关注（收听）功能、搜索功能、私信功能、应用符号功能等。

微博是一个很有效的平台，但可惜的是，有很多做微博运营的人并不能够充分地认识到微博的作用。因此我们在真正介绍微博的实践营销推广之前，很有必要介绍一下微博推广的作用，让卖家对微博推广有比较完整的认识。

微博推广的用途包括：开展促销活动、宣传网店经营理念、新产品的推广宣传、提高网店品牌知名度、进行用户关系管理、提供售前咨询、提供售后服务、向官方网店导入流量、引导或培养消费习惯、与微博平台合作举办专题活动、征集广告语、进行负面信息监测、实施危机公关等。

微博推广需要遵循以下几项基本原则：利益原则、个性魅力原则、趣味原则、乐观开朗原则、保持热度原则、宽容原则、真诚原则、互动原则、创新原则等。

9.1.2 微博写作技巧

微博用户可以通过各种终端随时随地即时发布信息，因为微博的内容不能超过 140 字，所以卖家一定要充分利用好这 140 字。在填写微博时，不仅要掌握一些写作技巧，还需具备一定的智慧，只有如此，卖家才能真正做好微博，为网店推广、品牌宣传所用。

（1）做微博时，文字一定要简洁、明了，多用短句，避免生僻字的使用，内容不能有歧义。每条微博最好单独说明一个观点，如无非常特殊的情况，不要通过两条或三条微博说明一个问题。用到转发观点时，一定要用特殊的字眼、语句与自己的观点加以区别，便于读者分辨。

（2）每一篇微博都是一篇完整的小文章，需要补充说明时，可用图形、相关链接、相关视频、相关音频以及微盘等作为补充。让读者能够结合图片、视频对文字所表述的内容和其所含的范围有一定的了解。但应注意，即使不点开链接，也应不影响阅读的完整性。

（3）卖家可以通过微博的微博群功能、话题功能及其他分类功能来聚焦自己所需要的主题，还可以利用微博搜索相关的博主（人）或博文内容（目前主流的微博服务都提供搜索服务，搜索网站也陆续提供微博内容的搜索服务）。

（4）积极参与圈内相关主题的讨论，热情回应圈内博主的主题。回复时要明确说出自己的观点，字数不宜太多，50 字左右为宜。

（5）知错就改。卖家如果检查出自己发出的博文观点不当或者内容失妥，应在最快的时间内以评论的方式加以修正，最好不要删除此前已有网友讨论过的博文。

（6）博文的回复或评论如果是有价值的观点，卖家对此一定要及时地给予回应。博文的回复如果内容粗俗、嬉言谩语，卖家则可置之不理。切不可与之对骂，不然的话，有可能被人“死缠烂打”，浪费自己宝贵的时间。除非是特别恶劣的、类似人身攻击的微博，否则不要拉黑。多拉黑一个圈内人，就少了一个沟通渠道。

（7）对于专业问题的处理。博文中不乏一些专业性的问题，对于这种博文，卖家不要像对待其他聊天对象那样很快做出回应，应当延迟一小段时间再回复。回复前不仅要注意发问的环境，还要注意措词。要在有限的字数内，简单明了地说出观点。如果自己不清楚，可直接表示对这个问题不清楚，如果确实不好回答，也可不回答，但一定不要说出语义含糊不清的话语。

（8）做专业微博要有平常心。专业通常都是和小众打交道，选择圈内交流，因此，卖家不应该过于追求转发数和评论数，须知有效回复比单纯增加转发次数要有价值得多。

9.1.3 发布微博

发布微博一定要充分利用热门时段。在一天之中，有某些时间段微博的使用者会比较多，这些时间段就是人们所谓的“热门时段”。微博要是赶在热门时段发布，被人们看到的可能性也就相应大了很多，转发量也会得到相应的提升。微博内容不仅要有规律地更新，而且每天都要更新，在发布数量上，每天发布十条为宜，不可在一小时内连发几条信息，更新信息时要抓住热门时段，同时也要合理设置标签，新浪微博会推荐有共同标签或共同兴趣的人加关注。

要想达到更好的推广效果，在发布微博时，一定要把握好适宜的时机，具体情况应结合微博内容信息、舆论环境来掌握。

（1）掌握发布微博的时间

发布微博要赶在用户上网的高峰时段，并且一定要互动起来。只有在高峰时段增加微博发布的数量，才能让更多的受众看到微博信息的记录。

调查表明，微博一般都是从早上 8 点左右开始活跃起来的，峰值在 10~12 点这个时间段，而下午 2~4 点、晚上 8~12 点这两个时间段也比其他时段发布的信息量多。到晚上 12 点之后信息发布量急剧下降，达到冰点的时间是凌晨 2 点左右。

学生的上网时间集中在晚上 8~10 点，卖家如果以学生为主要顾客群，那就可以在这个时间段发布微博；白领的上网时间集中在上午8~10 点和下午 5~8 点，卖家的用户群如果是白领，应在这两个时间段多发布微博。

（2）控制好微博发布频率

①建议卖家将原创信息放在热门时间段。

②卖家每日发布微博的信息条数不宜过多，但也不宜太少，最好控制在 3 条以上，10 条以内。

③卖家每发布两条信息之间应掌控好间隔时间，除去人们夜间的休息时间外，最好是每间隔 5 分钟至 5 小时左右发布一条。

（3）微博互动

微博是一个互动特点非常突出的用户平台，高效的交互性是微博平台的精髓与核心，因此有“无互动，不微博”的说法，这也是微博这个平台的关键和特性所在。一般来说，互动的表现形式多种多样，不仅包括卖家对用户所反馈信息的积极回复和进一步沟通交流，还包括组织活动、加入微群、微博投票等方式，其中微博内容的趣味性、生动性、礼仪性是微博互动的基础，耐心是微博互动的调和剂，诚恳则是微博互动的催化剂。

9.1.4 微群

微群是新浪微博推出的微博群组功能，卖家可以通过这个平台找到客户和挖掘潜在客户，在微群中和他们谈论各种相关的或是用户关心的话题。在实际操作过程中，微群能够体现出以下具体作用：

（1）微群能够给卖家提供一个互动交流的小平台，用户可以在此聚集、沟通、交流。

（2）微群可以使卖家与用户之间建立更为集中、深入、便捷的互动。

（3）企业的不同部门还可以负责组织一个具有专业性、针对性的小微群的互动，这也是赢得回头客的好办法。比如建立专项的小群体，分享促销信息、产品使用心得、产品服务感受，分门别类沟通问题。

（4）随着用户的增多，微群里卧虎藏龙，不少老客户都可以很好地回答粉丝提出的相关问题，而且还能顺道分享一下相关信息，已经结束了只有群主回答粉丝问题的局面。

1. 创建微群

下面简单介绍一下创建微群的步骤：

01. 单击“我的微群”打开该页面，单击左侧“创建微群”按钮，如图所示。

用户只要上传了图像、微博超过 10 条、粉丝数达到 100、已绑定手机，就可以创建微群。

02. 跳转到创建微群的页面，按照提示和要求填写名称、成员等项目，选择分类，最后上传微群头像，单击“完成创建”即可创建，如图所示。

微群主要分为两种：私密群和公开群。在私密群里面，群信息任何人都可以查看，但群的内容只有群成员才能浏览，同时群的内容不能同步到微博上；而公开群的信息则是公开的，任何人均可见，同时也可以被搜索到。如图所示。

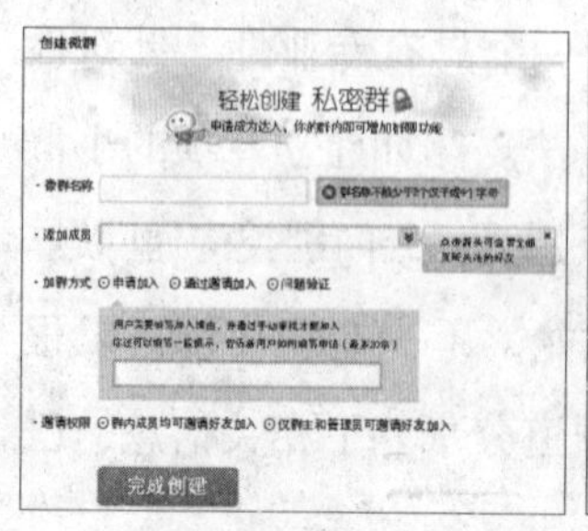

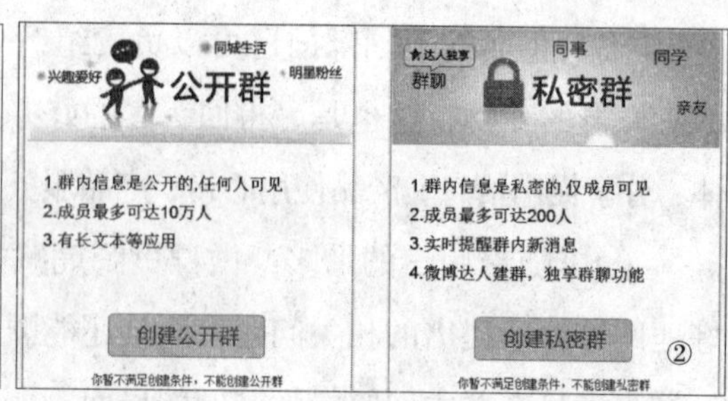

2. 加入微群

微群有着不可忽视的重要性，卖家一定要牢牢把握住机会。或许有一群你从未发现的骨灰级的粉丝聚集在一个你所不知道的地方正在苦心谋划着如何将他们的企业和品牌发展壮大呢。如果发现他们的微群，加入他们，一起聊聊他们和企业品牌之间的故事。

光围观而不发表只言片语，是无法打开用户们的心扉的，从而也就无法和他们交朋结友。只有加入大家的讨论并发言，才能和用户建立关系。卖家加入微群后，在信息发布框输入要发布的内容，群里的用户就能看到了。如果勾选“同时发到我的微博”，那些暂时没加入微群的用户也能看到此信息，推广面就扩大了很多。

卖家可以通过系统推荐的“您可能感兴趣”的微群来寻找潜在客户，通过系统的分析，卖家对客户的兴趣爱好会有基本的了解，然后再根据“微群分类”从他们感兴趣的分类中加以选择，并按“成员人数”“群微博数”“创建时间”选择微群，从而与用户建立联系，如图所示。

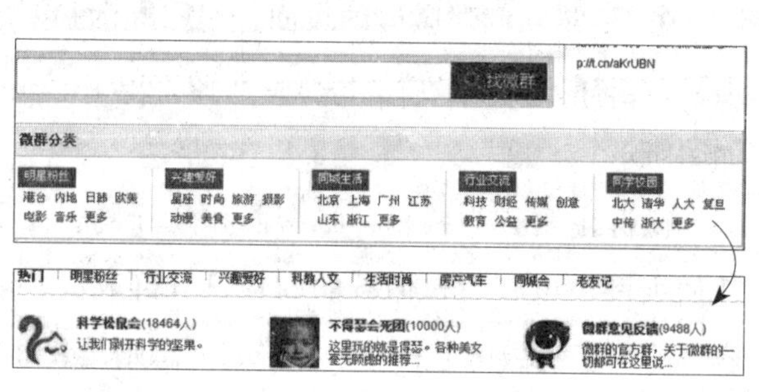

9.2 论坛推广

浏览淘宝网的人大多都能接受网络购物这种新兴的购物方式，他们将淘宝社区的人气撑得很旺，来这里现身的人大多属于时尚达人，因此卖家如果能够把握好这个平台，在这里发广告将会起到非常好的效果。但是淘宝网规定不能来这里专门发布广告，卖家可以通过写帖子、回复帖子、在签名档落款等方式留下店铺的广告信息。

9.2.1 加入淘宝论坛

01. 进入淘宝首页，单击首页下的“网站地图”链接，在进入的面板中选择“淘宝社区”后的淘宝论坛链接。

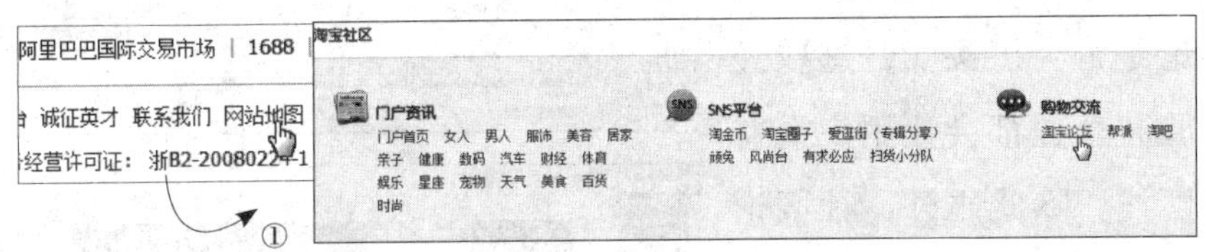

02. 进入社区首页，将鼠标指针悬浮在“全部论坛”标签的上方，可看到论坛的所有分类标题。

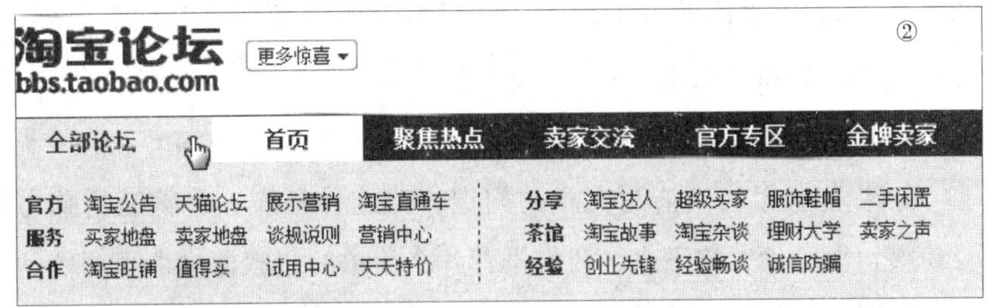

03. 单击任意标题，如单击“分享”分类下的“淘宝达人”链接，可打开论坛的“淘宝达人”分区页面，页面上方是论坛推荐的精华帖。

04. 向下拖动滚动条，可看到论坛最近发布的主题帖的标题。

05. 单击某主题帖的标题，即可浏览该主题帖的内容。

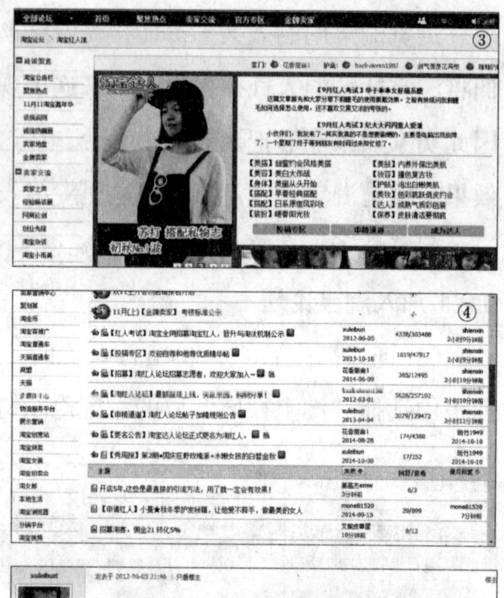

在社区论坛中，卖家寻找商机，买家寻找商品，只有加入到淘宝社区，融入这个大家庭后，买卖双方才能够真切地体会到这个社区不单是买卖双方寻找机会的生意场所，更重要的是这里有各种各样的经验介绍和教程指导。无论是否为了买卖，这些经验和教程都会让用户受益匪浅。除此之外，社区论坛也是用户们交朋结友的良好场所，所以有很多人只是为了“逛社区”而来到这里，他们的目的并非是为了买东西和卖东西。

9.2.2 吸引点击率的精华帖的写作技巧

如果卖家无法摸清写文章的门道，对这种枯燥、费脑筋的脑力劳动感到很厌烦，接下来，我们推荐几个简单的步骤让你事半功倍。这就好像运用作文模板一样，掌握诀窍就能轻轻松松写出人人都爱读的精华帖。

1. 一个吸引人的主题是成功的一半

主题是否能够吸引读者是帖子是否成功的关键。写帖子之前，卖家一定要先拟定一个诱人的主题，那么你的帖子就有了一大半成功的可能。下面给大家介绍几个轻松确立吸引人的主题的方法：

（1）结合时事选用热门话题。这种话题通常要具备两个条件：一是具有争议性，二是要结合时事。你可以在话题中阐述你对该事件的看法，但是最好留下一些漏洞引人注意，这样的帖子能够勾起人们和你辩论的欲望，回帖也就会比一般帖子多，人气也会高涨。

（2）打破常识，善于挑战常理。比如在大家的普遍观念中一部影片的好坏决定于编剧和导演，而你写了个主题为“出品人的思想才是影片质量的映射”的帖子，这样的帖子肯定会迅速吸引大量眼球。

（3）结合案例讲故事。通过讲案例制造话题类型的帖子也非常容易被加精，甚至被置顶。但是在编故事的时候应该注意不能让故事落入俗套，编的故事要与众不同，还有就是编的故事要有一定的启发性，让人读了之后有所感悟，在感情上能有所触动，能够让读者从中受益。

（4）分享私人经验。你也可以选择个人经验分享型的话题。比如你可以讲讲你是如何识破网络骗局的生活经历，故事末尾介绍一些个人总结出来的防骗经验，只要文笔具有亲和力，情节有看点，这样的帖了也是很容易被归为精华帖的。

（5）排行类话题受关注。你还可以以一些排名评比为主题发布帖子。比如，明星衣品排行榜、本周幸运之“星”排名、坑爹最深的商品排行榜等排行之类的主题。利用大部分人攀比心、好奇心比较强的特点，围绕大众比较关注的焦点来制造排名的话题。

2. 根据主题寻找相关的参考资料

确立好主题之后，就根据这个主题来找寻相关的材料。把搜索引擎能搜索到的帖子都看一遍，择优而选，然后东拼西凑将它们结合在一起，用自己的语言稍加润色，再配上旺旺表情和精美的图片，就是一个很好的帖子。事实上这是非常容易的事情。但是千万不要在文章中配上你产品的图片，不然淘宝会认为你这是在发广告贴从而删除这个帖子，除非你是在允许发广告的版块。

3. 巧妙打造隐蔽的植入式软广告

鉴于淘宝社区明令禁止发广告，所以你必须要对你的帖子进行一些植入式的软广告的操作。因为，如果你的帖子写得很好，吸引了很多人浏览，但是却很少有人因此去你的店铺，不能带来实际的流量，那也是徒劳无功的。

在贴子里以隐蔽的方式暗示你潜在的客户，让他们心甘情愿地点开你的店铺称之为植入式广告，这种广告做得很隐晦，不能让人一眼就看出它就是一个推销广告。通常情况下，卖家会将自己开淘淘网店的故事写进帖子中，这些帖子都属于植入式软广告，楼主会假装很无意地在故事里透露自己店铺的一些经营情况。

9.3 博客推广

博客营销的前提条件是博客作者要对某个领域的知识有一定的掌握基础。然后卖家再通过博客网站、博客论坛、接触博客作者的浏览者等，利用个人的知识、兴趣和生活体验等传播商品信息进行营销活动。

9.3.1 博客文章写作技巧

（1）博客营销的文章以讲故事为佳，将需要推广的商品故事化，杜撰一些生动的情节，把自己的产品功能写到故事中去。自然而然地让产品功能自己说话。

（2）产品形象情节化。很多卖家在宣传自己的产品时总会打一些口号，诚然，这些口号多多少少也能够在顾客心中留下一些印象，但是效果却并不明显，总不能使自己的产品深入人心，打动客户，感动客户。因此最好的方法，就是把你对产品的赞美情节化，让人们通过感人的情节来感知认知你的产品。客户通过曲折动人的故事，在记住故事情节的同时也记住了你的产品。

（3）针对行业自身的特性，将行业问题热点化。在博客文章写作过程中，要不断地提出热点，突出自己商品的独特性，只有这样才能引起客户的关注，也才能通过行业的比较显示出自己产品的优势。就如同行军征战一般，做到了知己知彼，才能百战不殆。

（4）在文章中赋予商品生命，不同的层次、不同的角度来展示产品，将商品演义化。这种文章可以运用拟人的表达方式进行表述，题材既可以是童话，也可以是无厘头，还可以是幽默故事等。越有创意的写法，越能让读者耳目一新，记忆深刻。

（5）将博文以章节或系列的方式展现在读者面前。人和营销手段都无法起到立竿见影的效果，需要长时间的坚持不懈。因此，在产品的博文写作中，一定要坚持系列化的，就像写章节小说一样，要不断地融入新的内容，还要有高潮，这样产品的博文影响力才会更大。

（6）博文的内容一定要短小精炼。绝大多数的营销典例都是短小精悍的。而博客更是不同其他传统媒体的文章，博客文章既要做到论点明确，论据充分，还要短小耐读；既要情节丰富，感人至深，又要不花太多的时间。所以，一篇优秀的博文大多都在1000字以内。

9.3.2 提高博客流量的技巧

（1）高质量的内容

博客中的内容注意要发人深省，给客户留下专业性的思考分析。博文可以记录自己成长的足迹，尽量不要说无关紧要的事情，尽量少些废话。可以运用诙谐的语言，但不要展示出低俗，这本身也节约了你的不少宝贵时间。有感而发、有感而写，有些想法可能是连续性的，譬如对相同的一部电视剧在不同时期带给你的思考，这样的博客才能够起到帮助自己、也帮助别人的目的。

（2）站点的定位

定位不清很难吸引固定的用户群，甚至因此妨碍已经到来的用户。为了营销的最终目的，有时候放弃部分不合适的用户是必要的。例如，将自己定位在媒体和出版方面，这样，即使你的爱好是天文和数学，也应该放弃你的爱好，融入到出版和媒体中。

（3）保持适当的更新频率

每天看新内容是很多博友的喜好，因此博文应时时更新，当然，也不可更新太过频繁。一般来说，更新频率和博客性质相关，如果是评论，1 天或者 2 天 1 篇是不错的频率。

（4）吸引读者回复和交互

说出疑问是引发讨论最好的方式，除此之外，还可以故意发表有争议的意见，或者设计隐含的话题，通过这样的方法，吸引读者交互和回复。

9.3.3 淘宝博客

在“我的淘宝”→“应用中心”→“互动交流”→“日志”→“我的日志”中，就可以找到。

9.4 邮件推广

电子邮件的特点：快捷、方便、成本低廉，随着网络的普及，电子邮件的应用也越来越普遍，成为最广泛的互联网应用之一。电子邮件是一种有效的网店推广工具。如今，越来越多的网店开始采用电子邮件的推广方式，如果对电子邮件善加利用，推广者可以立即与数以万计的固有客户和潜在客户建立联系，而其成本要远远低于传统邮寄推广。

9.4.1 邮件的内容策划

邮件的内容策划应注意以下几个方面：

（1）定期发送

定期发送的好处：订户既不会因为长时间没有收到邮件而忘了自己曾经订阅过这个邮件列表，也不会因为短时间内收到太多邮件而觉得厌烦。确定好发送邮件的频率，并严格执行，是电子邮件营销成熟的标志。邮件的发送周期通常以一个月发送一至两次比较合适。

（2）邮件内容始终如一

营销邮件的内容要始终不背离当初订阅时所承诺的方向。如果注册说明承诺邮件将以生活保健为主，就切忌发一些风马牛不相及的广告。如果承诺是以如何健康、科学养生的信息为主，就不要发与此不相关的公司新闻。

（3）不要过度营销

营销邮件一定要把握好尺度，不可销售过头了。营销邮件应多提供对用户有帮助的信息，然后通过扩展阅读的方式，推荐读者进入相关的网站，在网站上完成销售，而尽量不要在邮件上直接进行销售活动。

9.4.2 营销邮件的常用内容格式

为了吸引订户的注意，邮件排头常采用这样的字样：“这不是垃圾邮件。您订阅了 ×× 电子杂志，这是 ×× 电子杂志 2014 年 8 月第 5 期。如果您不想再继续收到我们的邮件，请点击这里退订。”

这段内容通常要放在最醒目的位置，让订阅者一眼就能够看到，避免订阅者把邮件当成垃圾邮件删除，明白收到的是自己以前订阅过的电子杂志，如果想退订也很简单。

接下来介绍一下常见邮件的内容目录。如果每封邮件只有一篇文章，则不需要在这里写下内容简介，但是，如果邮件包含 2 ~ 3 篇文章的话，一定要在这里先介绍一下文章的名称和主要内容，让订阅者可以一目了然地了解邮件内容，再决定要不要继续阅读。

后面便是邮件的正文了，这类邮件大多是 2 ~ 3 篇文章。像前面所说的，在文章结尾处可以适度地以扩展阅读的方式推销网站上的产品。另外如果邮件中有卖给第三方广告商的广告位，可以在此处穿插广告，但值得注意的是，广告一定要明确地道出穿插的是广告内容。

为了减少退订率，主体文章结束后，在文章的结尾应将下期主要内容和下期文章标题预告列出，吸引订阅者期待下一期邮件。

在文章的页脚上，要写明用户注册信息，在这里，推荐一种常用的格式：

“您收到这封邮件是因为您在 ×× 月 ×× 日，从 IP 地址 ×× 订阅了 ×× 月刊。”

然后是隐私权及退订选择：

“我们尊重所有用户和订阅者的隐私权。如果您不希望再收到 ×× 月刊，请点击这里退订。” 相应的隐私权政策页面和退订程序一定要与“隐私权”和“点击这里退订”两处文字相链接。

在这段文字的下面，可以表明订阅本电子杂志的步骤：

“如果您是从朋友那里收到转发的这封邮件，并且喜欢所看到的内容，您可以点击这里，在我们的网站上订阅 ××× 周刊，以后您也可以收到我们的周刊。”

这样标明的好处在于，当订阅者这封邮件转发给他的朋友时，收到邮件的人可以清楚地知道自己该怎样订阅该电子杂志。

如果是老客户，在脚页还可以鼓励订阅者把收到的邮件转发给他的朋友，但必须强调一点，不要转发给不认识的人，以免让邮件变成垃圾。

除了上述介绍之外，我们在这里给您介绍一个小窍门。邮件可以在标题中巧妙地插入订阅者的名字，吸引读者打开邮件。要在邮件内容中适当的地方插入订阅者名字。

9.4.3 HTML 邮件设计

HTML 格式的邮件是现在邮件通用的形式，从原理上来讲，整个 HTML 邮件可以设计得和网页一样，但实际上却不是如此。

首先，普通网页的设计至少以 800 像素宽的显示屏为基础，而邮件内容宽度却限制在 400~500 像素。用户无论是使用免费邮件的 Webmail 形式，还是使用客户端软件，真正显示内容的区域只是显示屏的一部分。如果邮件设计者按普通网页尺寸设计，展现在读者眼前的很可能是变形错位的排版，具体效果完全无法预测。因为 HTML 邮件左侧显示文件夹，右侧还有广告，中间只有 400 ~ 500 像素的宽度。

HTML 邮件允许使用图片，但最好不要超过 2 ~ 3 张，所以在邮件设计上应该尽量简单。通常情况下，只要在邮件头显示网站或电子杂志 Logo，在邮件尾插入 1×1 像素的跟踪隐藏图片就足够了。要想通过 HTML 邮件展现其风格，应主要在排版、字体和颜色上费心力。

鉴于用户使用的操作系统、客户端软件、浏览器版本、免费邮件 Webmail 的处理方式存在的差异性，固定宽度的表格最容易控制排版效果，所以排版时表格也要尽量简单，避免使用多次嵌套。有些 Webmail 怕其和邮件主页面中的样式表起冲突，甚至会直接删除 HTML 邮件中的样式表。所以应该尽量使用在网页设计中已经过时的表格（table），不要使用样式表。

为避免不可预期的排版错误，HTML 邮件的排版设计越简单越好。因为太复杂的嵌套表格最后展现出来的排版形式也可能和设计者自己看到的不一样。

9.4.4 创建邮件列表

01. 登录 QQ 邮件列表首页（http://list.qq.com），输入自己的 QQ 账号和密码，点击登录。

02. 单击“创建一个新栏目”，进入创建新栏目页面，按照要求填写栏目名称、栏目简介、默认发信账号等内容，例如“栏目名称”为“粉雪儿短裙店”，“栏目介绍”可以写“粉雪儿短裙店创建于 2006 年，主要销售女性短裙，该邮件列表主要介绍怎样选择短裙及最新产品信息发布，欢迎您订阅！”，“默认发信账户”一般写创建者的 QQ 邮箱，如图所示，单击“完成”按钮即可成功创建新栏目。

①

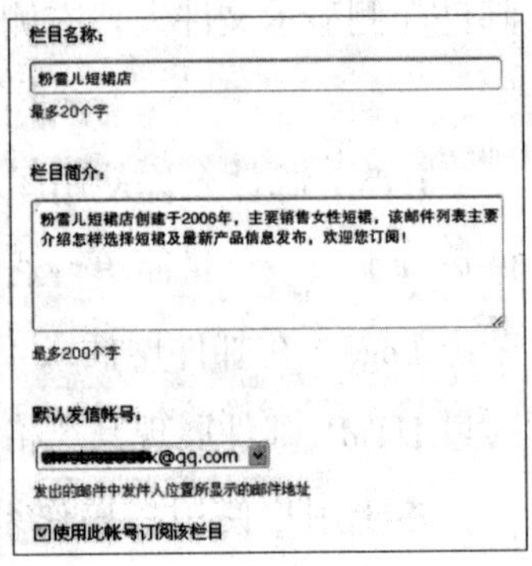

②

03. 栏目创建成功后，接下来就是“收集订户”，在QQ邮件列表中有两种方法可以收集订户：

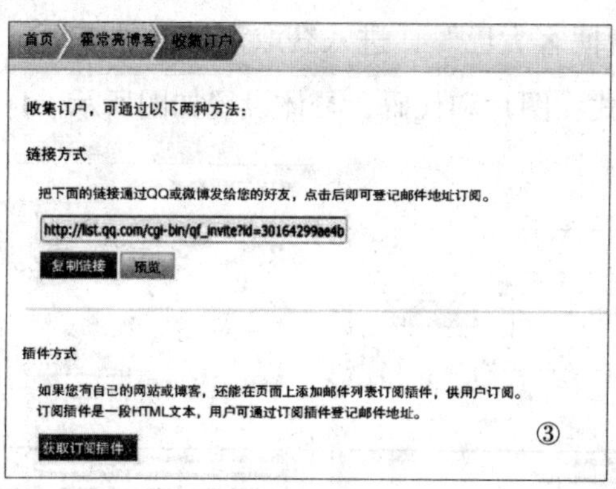

第一，链接方式，把QQ邮件列表自动生成的链接代码通过QQ、微博或论坛发送给好友，点击后即可登记邮件地址订阅，如图所示。

第二，插件方式，可以在自己的网站或博客的页面中添加邮件列表订阅插件，供用户订阅。订阅插件是一段HTML文本，用户可通过订阅插件登记邮件地址。单击“获取订阅插件”按钮，在打开的页面中选择博客或网站类型，按照提示即可完成添加订阅插件。

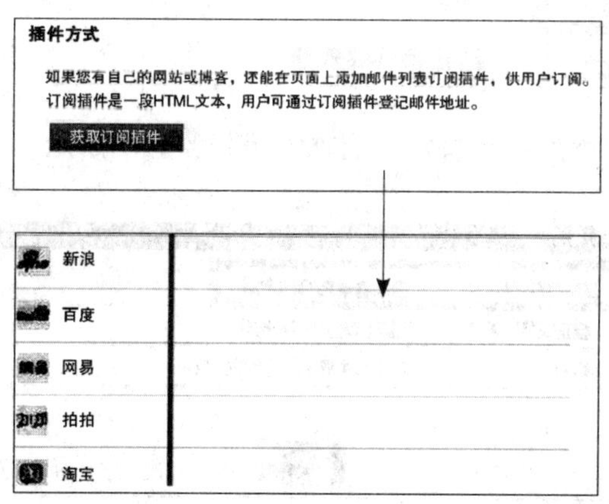

以在博客大巴中添加订阅插件为例，介绍在网站或博客中怎样添加订阅插件。具体操作步骤如下：

01. 单击“博客大巴”，进入获取订阅插件页面，设置博客大巴插件有两种形式：图片和代码，具体设置如图所示。

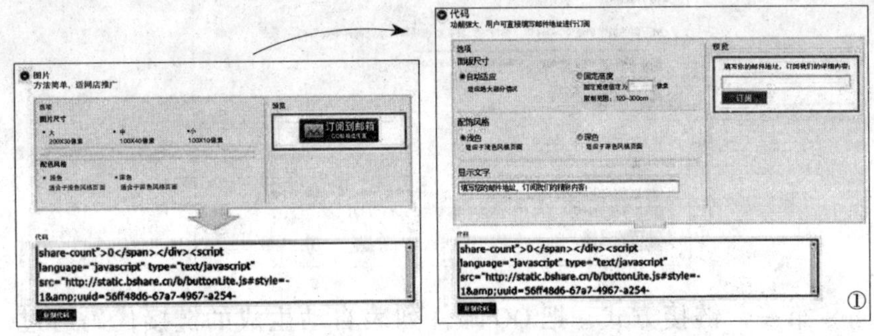

02. 把获取的代码添加到博客大巴中，具体操作过程如下：

第一步：登录管理页面，单击“博客”→“模板”，单击“首页布局设置”。

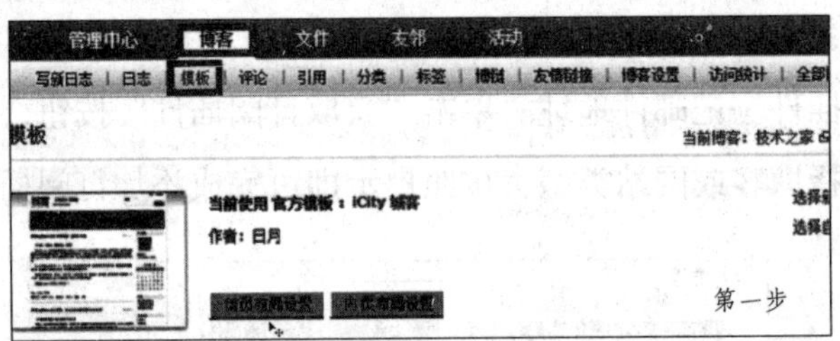

第二步：添加一个自定义 HTML 模块，如图所示。

第三步：编辑刚刚添加的“自定义 HTML”模块，将代码复制到图示位置，并按“确定”保存，如图所示。

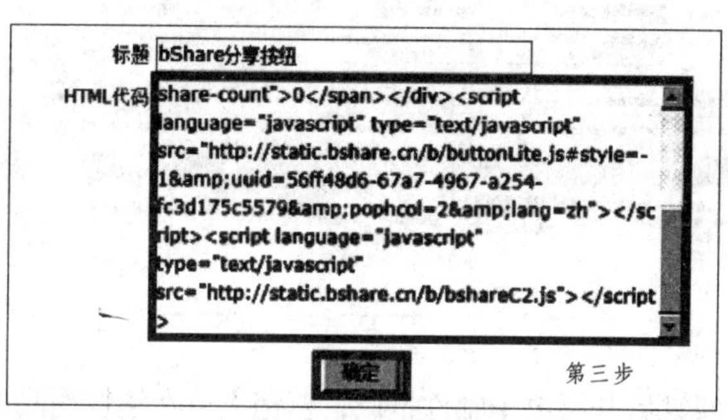

给订阅用户发信。如果已经有用户订阅您的栏目，现在就可以开始发送邮件了，发送邮件有两种方式：一是手工写邮件发给用户；二是设置RSS源更新通知邮件。

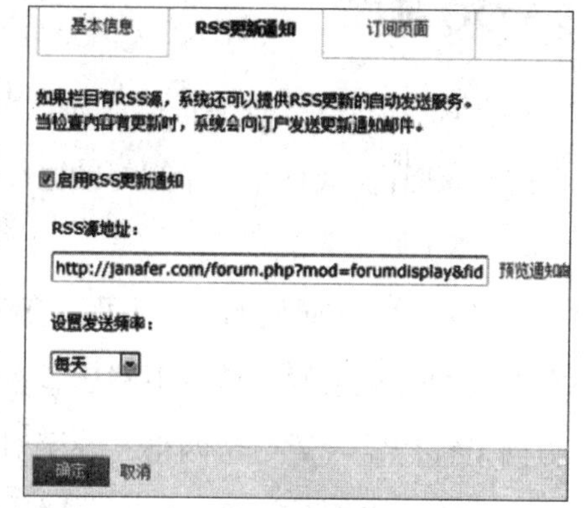

如果栏目有 RSS 源，系统还可以提供 RSS 更新的自动发送服务。当检查内容有更新时，系统会向订户发送更新通知邮件，如图所示。还可以创建自定义内容的邮件，发送给所有订户。

（二）查看网店成交记录

网络购买商品的用户提交个人信息，信息内容包括：姓名、地址、电话和电子邮件。在商品成交后，推广工作人员查看用户提交的个人信息，并根据这些信息制作邮件列表。例如，在天猫网中，卖家可以在已成交商品的“订单信息”界面中看到买家的邮件地址，如图所示。

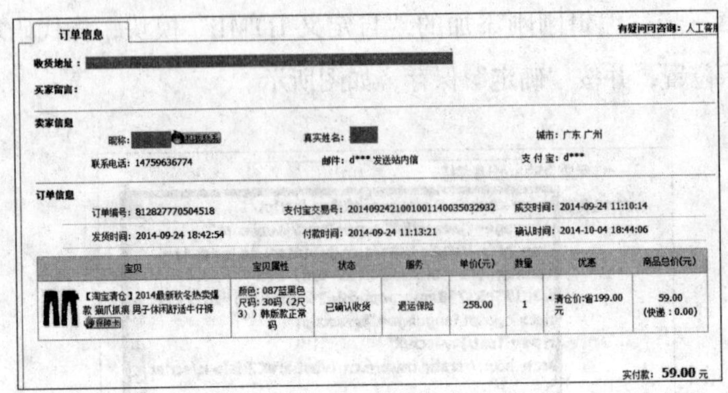

订单信息　　有疑问可咨询：人工客服

收货地址：

买家留言：

卖家信息

昵称：　　真实姓名：　　城市：广东 广州

联系电话：14759636774　　邮件：d*** 发送站内信　　支 付 宝：d***

订单信息

订单编号：812827770504518　　支付宝交易号：2014092421001001140035032932　　成交时间：2014-09-24 11:10:14

发货时间：2014-09-24 18:42:54　　付款时间：2014-09-24 11:13:21　　确认时间：2014-10-04 18:44:06

宝贝	宝贝属性	状态	服务	单价(元)	数量	优惠	商品总价(元)
【淘宝清仓】2014最新秋冬热卖爆款 猫爪抓痕 男子休闲舒适牛仔裤 保障卡	颜色：087蓝黑色 尺码：30码（2尺3））韩版款正常码	已确认收货	退运保险	258.00	1	·清仓价:省199.00元	59.00 (快递：0.00)

实付款：59.00 元

为了方便日后开展电子邮件推广，营销人员在销售商品的同时，应及时对买家的信息进行整理、收集，这样还有利于维护老客户。留住老客户不仅可以使竞争优势更长久，还可以降低营销成本，一举两得。

9.5 QQ 推广

在现今时代，QQ 通信已成为最重要的通信工具之一，对于网店运营的卖家而言，QQ 是一个很好的宣传空间，主要有以下几种宣传方法：

（1）聊天宣传

经常用 QQ 通信的人，上面一般都加了很多同学、同事、朋友等，在聊天的时候顺便宣传一下网店，在加深感情的同时还让自己的产品得到了宣传，可谓一举两得。除了对自己的好友、同事、同学进行宣传外，还可以多加几个 QQ 群，群里的人气可是很旺盛的，在群里聊天的同时介绍一下网店，会大大提高网店的浏览量。

（2）充分利用 QQ 空间

把商品图片传到 QQ 相册里面，精心设置、装扮商品相片，这样当别人访问自己 QQ 空间的时候，看到 QQ 相册里有那么多好看的东西，很容易就勾起了一探究竟的好奇心。

（3）签名档

将 QQ 空间的签名档制作成包含网店商品信息的动态签名档，当卖家在朋友的 QQ 空间留言或回复留言的时候，朋友或朋友的朋友在查看回复留言的时候，很容易就会发现该签名档显示的信息，进一步也就发现了小店里的商品。

9.5.1 制作 QQ 签名档

下面介绍如何制作一个动态的 QQ 签名档，具体的操作步骤如下：

01. 首先准备好几张有吸引力的网店商品图片，最好是自己网店正在销售的商品的图片。

02. 启动 Photoshop 程序，选择“文件”→“打开”菜单项。

03. 在弹出的“打开”对话框中按住“Ctrl”键选中所有要用的图片，然后单击“打开”按钮。

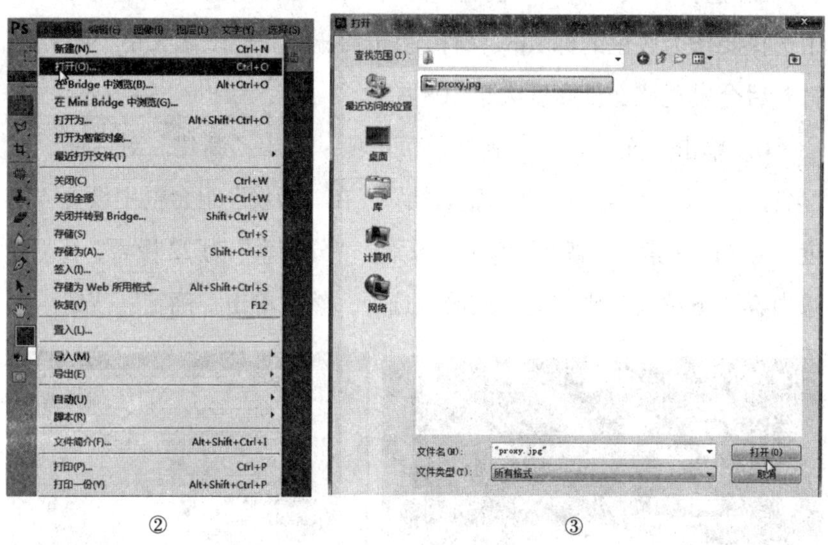

② ③

04. 随即在 Photoshop 窗口打开所选的图片，QQ 空间签名档的图片大小要求：宽度不大于 540 像素，高度不大于 160 像素，所以需要调整图片的大小。选择 proxy.jpg 图片，选择“图像”→“图像大小”菜单项。

05. 随即弹出“图像大小”对话框，选中“约束比例”复选框，设置“宽度”为 108 像素，然后单击“确定”按钮。

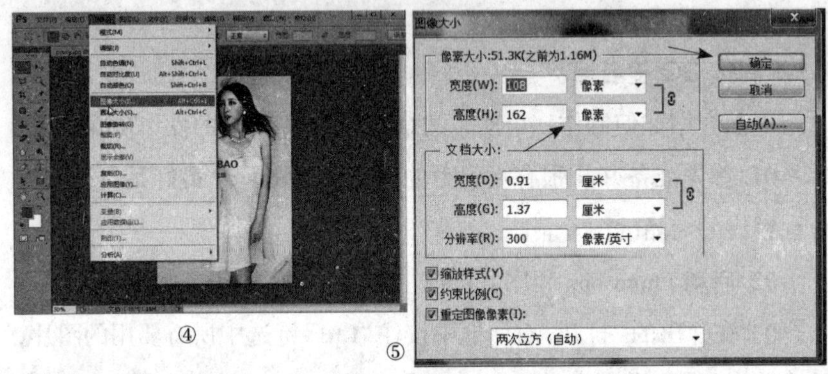

④ ⑤

06. 选择“文件”→“打开”菜单项，在弹出的“打开”对话框中选择要作为底色的标 1.jpg 文件，单击“图像”→“图像大小”菜单项，打开后会发现该文件高度大于 108 像素。

07. 单击“文件”→“新建”菜单项，弹出“新建”对话框，在“名称”文本框中输入“动态签名档”，在“预设”组合框中设置“宽度”为 540 像素，“高度”为 108 像素，“分辨率”为 72 像素，在“背景内容”下拉列表中选择“透明”选项，然后单击“确定”按钮。

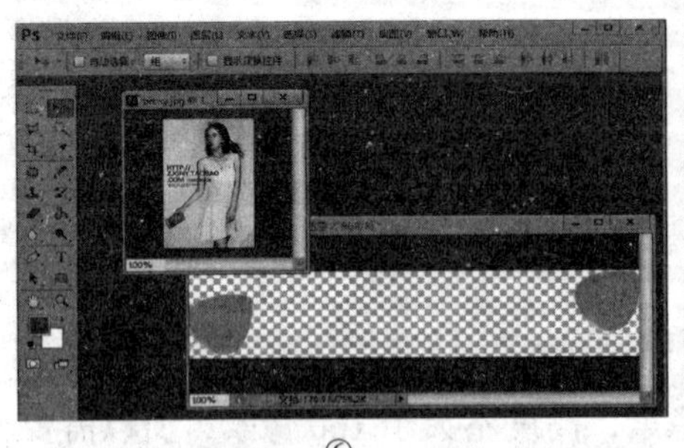

⑥

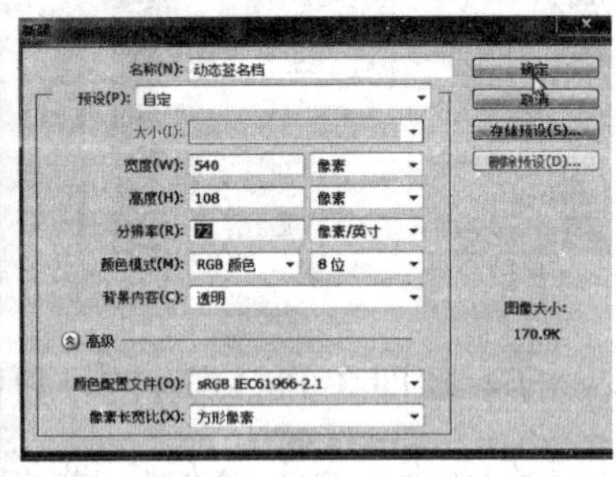

⑦

08. 返回 Photoshop 操作窗口，此时新建了一个设计文档。

09. 在工具箱中选择“移动工具”按钮，拖动标 1.jpg 到刚才创建的设计文档中，并调整至合适的位置。

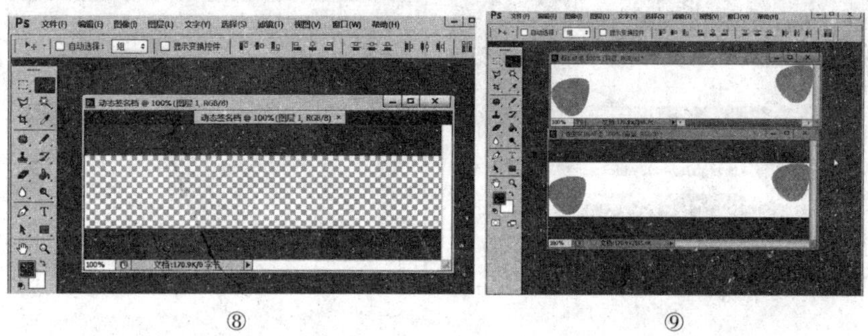

⑧ ⑨

10. 在工具箱中选择“文字”工具，在“图层 2”图层上单击，并输入店铺地址或店名。这里首先输入“欢迎光临”，然后按下数字键区的“Enter”键结束输入，然后再输入网址，这样输入的两行字分别在两个图层上。

11. 按照前面介绍的方法，设置字体及颜色等效果，并配合使用“移动”工具，调整文字的位置。

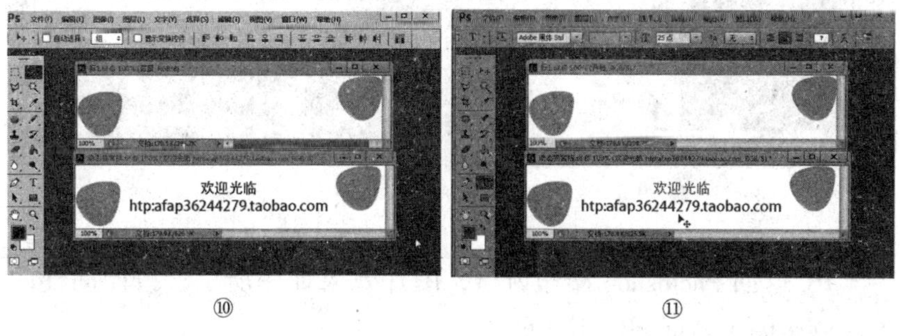

⑩ ⑪

12. 选择“欢迎光临”文字图层，然后单击“图层”面板下面的“添加图层样式”按钮，在弹出的列表中选择“描边”选项。

13. 弹出“图层样式”对话框，设置描边的大小、位置等结构效果，然后单击颜色右侧的按钮。

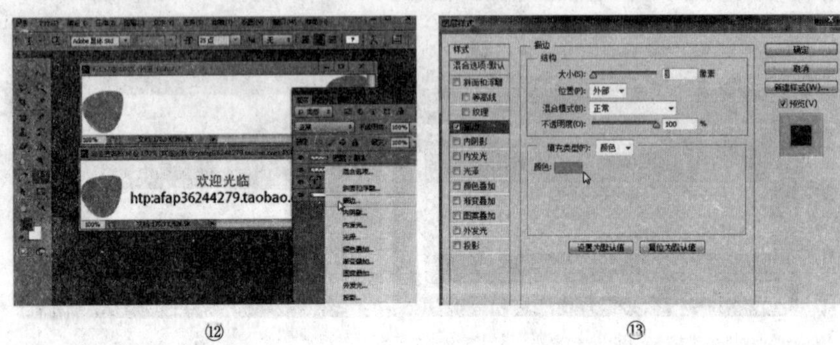

⑫ ⑬

14. 随即弹出“拾色器”对话框，在“选择描边颜色”颜色框中选择一种合适的颜色，然后单击“确定”按钮。

15. 返回“图层样式”对话框，然后单击“确定”按钮。

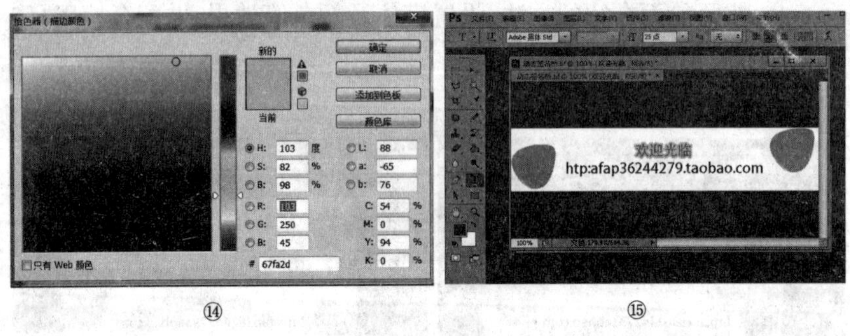

⑭ ⑮

16. 返回 Photoshop 操作窗口，图片效果如图所示，按照同样的方法设置网店地址的描边效果。

17. 设置好文字后，选择工具箱中的“移动”工具，将 0l.jpg~05.jpg 图片都移动到“动态签名档”图层上。

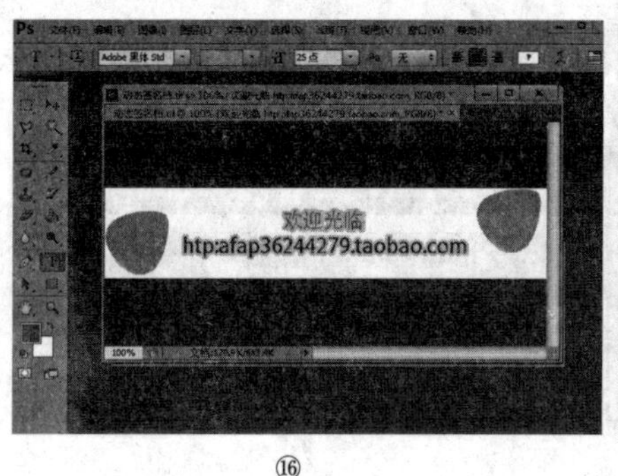

⑯

⑰

18. 将图片都放置在合适的位置后，单击窗口下的“在ImageReady 中编辑”按钮 。

19. 图片在 ImageReady 窗口中打开，选择“窗口”→“动画”菜单项。

⑱

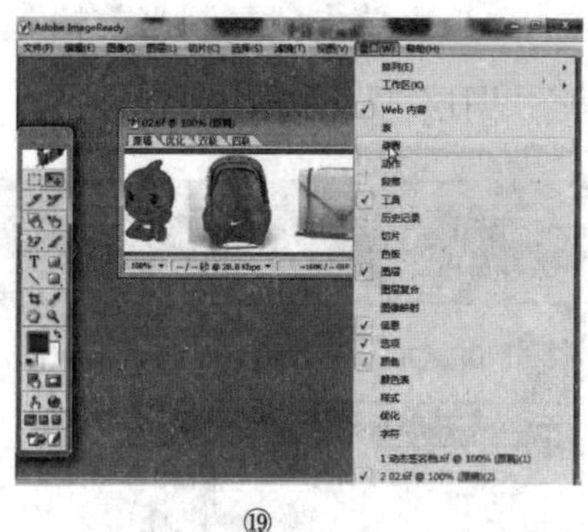

⑲

20. 打开“动画”面板，此时在 lmageReady 窗口中显示一帧的内容，单击“图层”面板中的“眼睛”按钮，关闭“图层 1”至“图层 7”图层的可视性。

21. 单击“动画”面板上的“复制当前帧”按钮 ，复制当前帧。

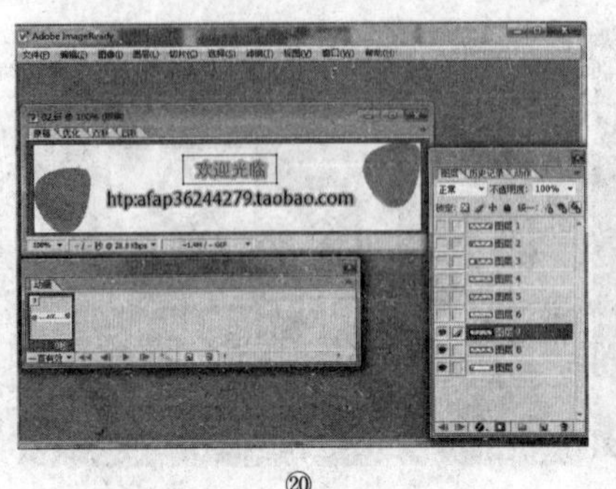

⑳

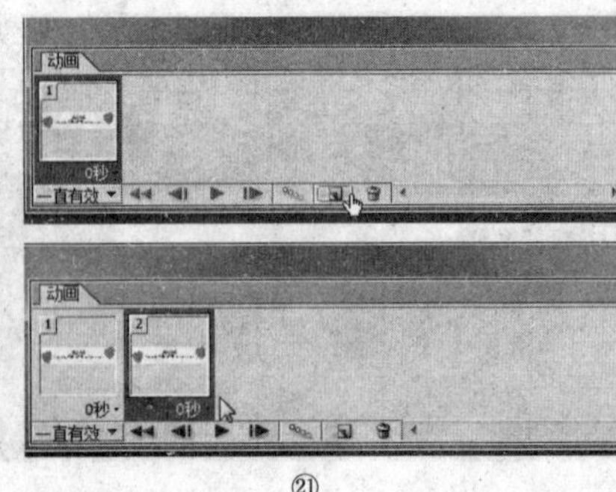

㉑

22. 关闭“图层 7”图层的可视性，打开“图层 6”图层的可视性，再单击“动画”面板上的“复制当前帧”按钮，复制一帧。依次循环直至打开“图层 7”图层的可视性。

23. 单击“复制当前帧”按钮，复制一帧后，关闭“图层 1”至“图层 7”图层的可视性，完全显示出底层的网址。

24. 再单击“复制当前帧”按钮，复制一帧，打开“图层 1”至“图层 7”图层的可视性。

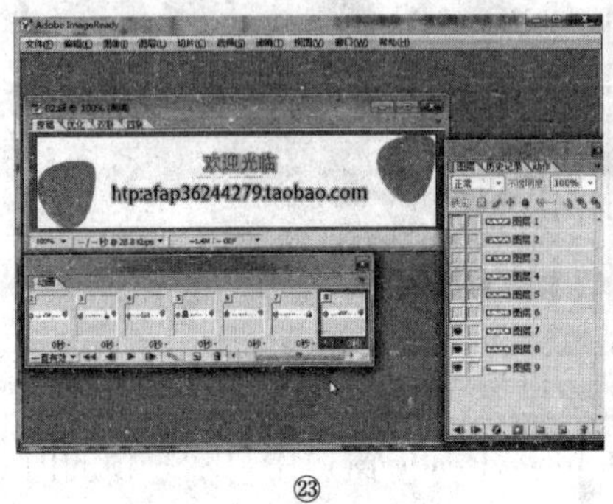

㉓

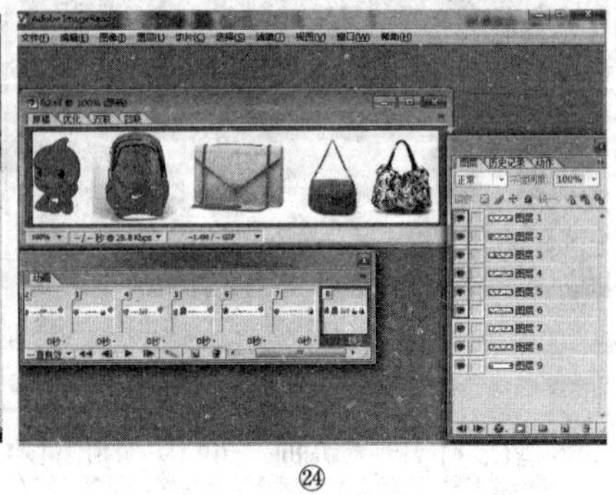

㉔

25. 单击任一帧下方的“0 秒”右侧的下三角按钮，在弹出的下拉列表中选择“0.5 秒”选项。

26. 按照同样的方法选择其他帧的延迟时间，如果列表中没有包括想设置的时间选项，可以在列表中选择“其他”选项。

27. 随即弹出“设置帧延迟”提示框，在“设置延迟”文本框中输入要设置的时间，然后单击“确定”按钮即可。

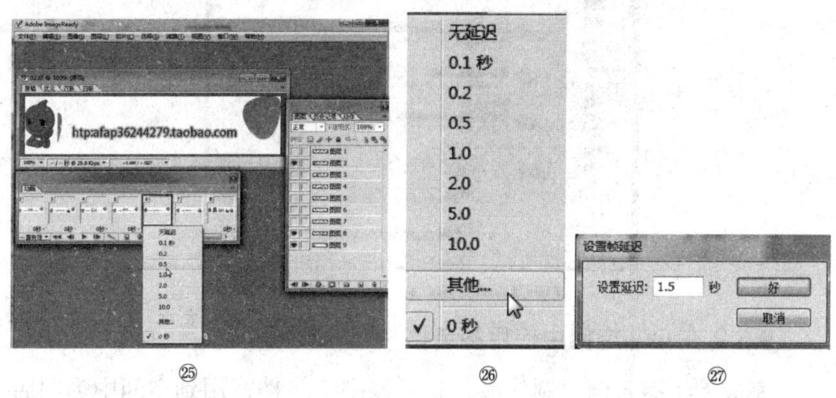

㉕ ㉖ ㉗

28. 设置好每一帧的延迟时间后，单击“停止 / 播放动画”按钮，观看动画效果，若不满意可以再进行调整。

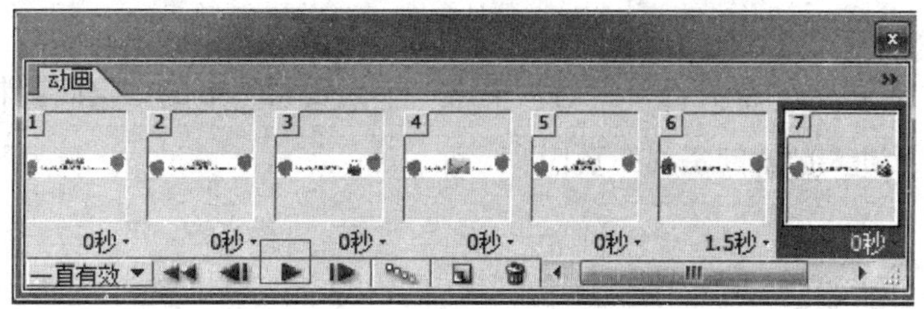

29. 选择“文件”→“存储优化结果”菜单项，在弹出的“存储优化结果”对话框中，选择合适的存储位置，然后单击“保存”按钮。

30. 随即弹出一个信息提示框，单击“确定”按钮即可。

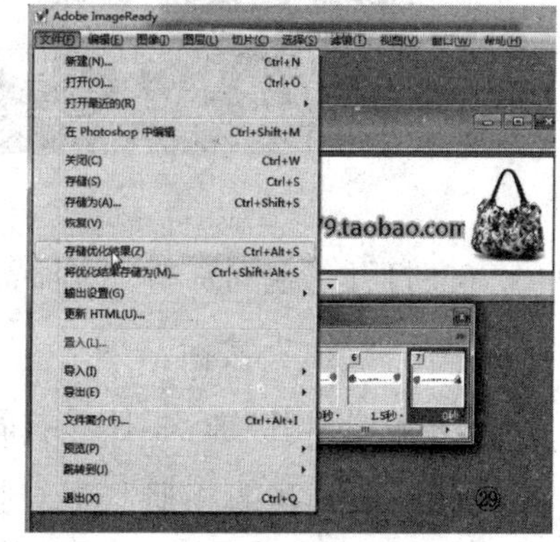

㉙

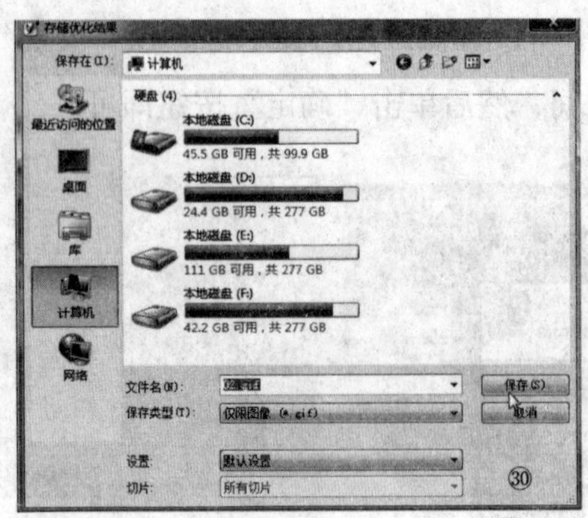

9.5.2 在 QQ 空间中使用签名档

完成 QQ 签名档的制作后，就可以把签名档运用到空间中为网店做宣传了，具体的操作步骤如下：

01. 登录到 QQ 空间页面，把制作好的 QQ 签名档图片上传到相册中，然后切换到“个人档”选项卡。

02. 进入“个人档”页面，单击“个人资料”下的“空间资料”按钮，进入“空间资料”页面。

03. 打开“空间资料”页面，删除签名档文本框中原有的内容，然后单击“[图片按钮]”按钮。

04. 随即弹出“插入图片”对话框，如果签名档已经上传到相册中，可以直接在“我的相册”中查找；如果保存在电脑中，则可以切换到“上传图片”选项卡。

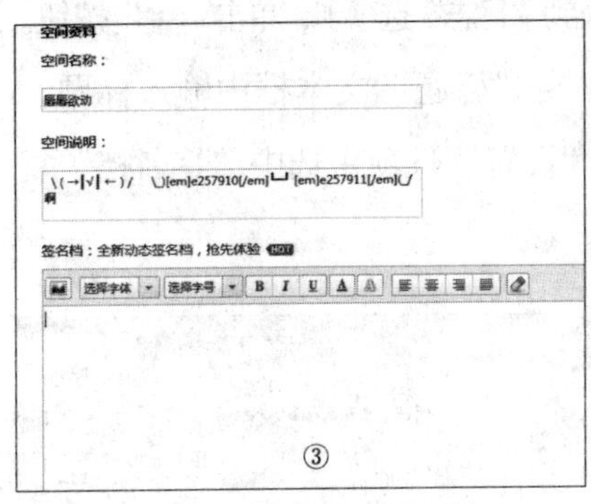

③

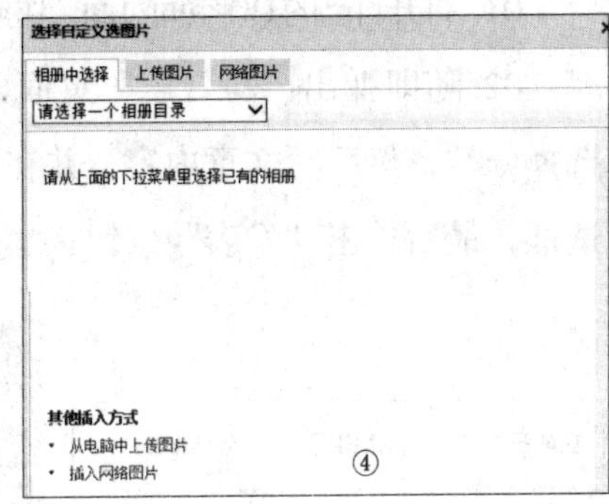

④

05. 选择上传图片即可弹出“选择文件”对话框，选择制作好的动态签名档，然后单击“打开”按钮。

06. 返回“上传图片”对话框，此时“选择图片”文本框中已经显示了图片的地址，单击“上传”按钮。

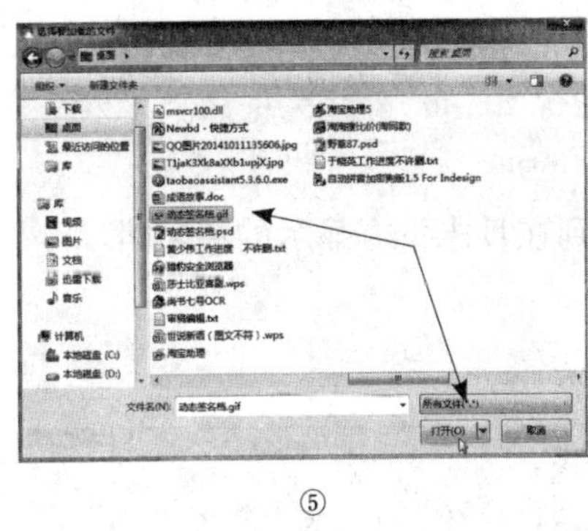
⑤

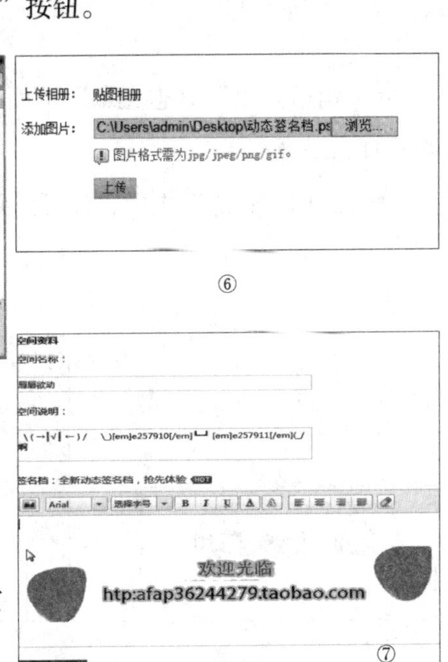

⑥

⑦

07. 返回“空间资料”页面，单击“保存”按钮，保存设置。

设置好签名档后，就能用它进行宣传了。

在自己的空间宣传：

01. 打开自己的QQ空间页面，切换到“日志”选项卡，单击“”按钮。

02. 随即弹出“写日志”页面，在“标题”文本框中输入标题，选择分类，然后写文章内容，并在“设置”选项中选中“签名档”复选框，最后单击“发表”按钮。

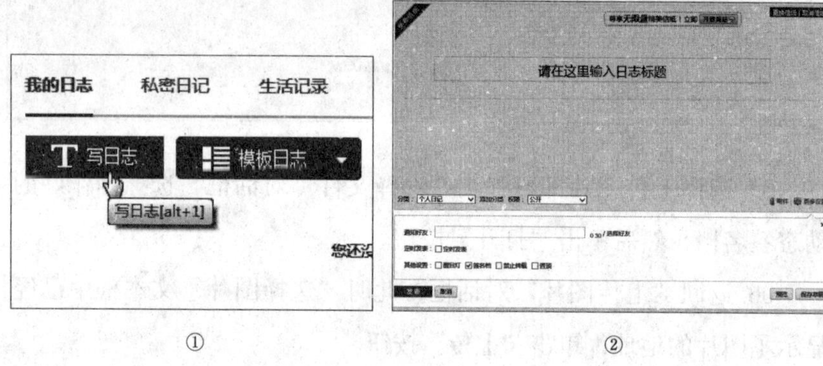

① ②

03. 稍后弹出“日志文章”页面，提示“发表成功”，然后返回查看日志。

04. 返回“日志”页面，即可看到在日志下方显示的签名档。

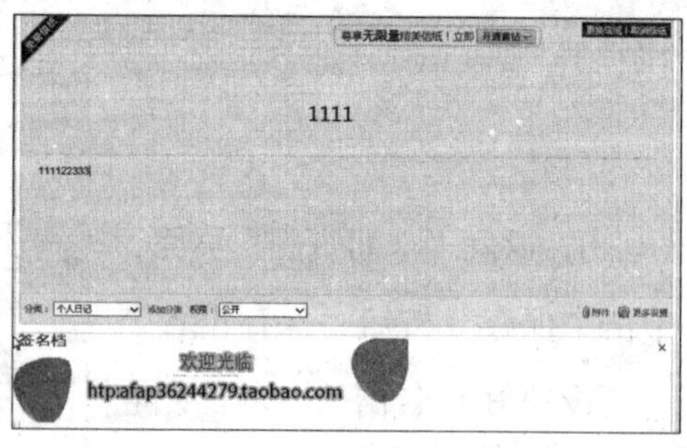

③ ④

05. 当其他好友浏览日志的同时也会看见该签名档，这样就可以起到宣传的作用了。

技巧提示

签名档设置好后，就可以附带上自己的签名档给好友留言或回复消息了，好友在查看留言的同时，也会看见你设置的签名档，而且别的好友进入该好友的空间留言的时候也能看见签名档。

10 促销推广

10.1 促销推广的时机与方式

跟实体店类似，网上店铺也可以通过促销的方式来进行推广。通过促销不仅可以在短期内激励买家购买店里的商品，还可以使买家加深对商品及店铺的认识，开发更多新顾客，培养更多老顾客，以达到对店铺的推广。

10.1.1 促销推广的最佳时机

想要做好促销推广，首先要选对时机，在合适的时间对合适的商品进行促销推广，不仅可以增加销量，还可以回馈新老顾客的关注，赢得他们的信任和口碑，一箭双雕。下面就来介绍一下促销的几个最佳时机：

（1）新品促销

对于将要上架的新品，可以采用新品促销的方式来进行推广，一来有利于快速卖出商品，二来也有利于培养老顾客的关注度，提高他们的忠诚度。新品促销可以作为店铺长期的促销活动，因为一个用心经营的店铺总是会源源不断地上新品的。

（2）节日促销

节日促销一直是商家惯用的手法，实体店一般都会在节假日通过打折等形式来促销商品，尤其是像国庆、五一、元旦等大的节假日更是难得的好时机，因为此时大家都有空逛商场。而对于网上店铺来说，节假日要促销，但肯定不能在大家都去逛商场的时候，这样只会无人问津。最好的办法是先下手为强，把促销的时间提前一周。另外，除了传统的节假日之外，目前大热的“双十一”“双十二”等也是不容错过的网上促销的好时机。

（3）店庆

跟实体店类似，网店也可以举行店庆，搞促销活动，比如在店铺“升钻升冠”时、店铺开张周年庆时都可以。店庆不仅可以进行比较大的促销，还可以向顾客展示店铺历史，赢得信任。

（4）季末清货

有些商品季节性较强，在换季的时候可以进行大型的促销活动，既避免了旧货的积压，又可以赢得更多的顾客。对一些断色断码或即将断货的商品也可以进行清仓处理，来吸引更多人气。

10.1.2 促销推广的方式

促销推广是网上店铺借鉴实体店铺的一种推广方式，但是由于网上店铺和实体店铺所处的销售平台不同，所以促销活动从策划、执行到所起的作用也都是不尽相同。因此，首先我们需要了解网络店铺和实体店铺促销活动的不同点，然后再借鉴实体店铺的经验，策划出更适合网络店铺的促销活动。实体店铺往往通过张贴海报等形式拉来顾客，再通过折扣、介绍产品等方式留住顾客。网上店铺无法像实体店铺一样张贴海报，即使是购买广告位，效果也不会那么明显，因此，网上店铺促销活动的作用则主要体现在留住顾客上。了解了这一点后，卖家在策划促销活动时就要偏重于可以留住顾客的促销活动。

经过不断尝试、创新，网上店铺现在的促销活动多种多样，下面介绍一下目前网络上常见的几种促销活动：

（1）买赠

买赠这种促销形式是实体店铺常用的促销手段，通常是类似于“买一赠一”“买二赠一”等方式。对于网上店铺来说，这也是一个不错的促销手段，但需要注意的是，一定要提前做好赠品的策划方案，如商品与赠品的选择、价值的合理搭配等，这些都是活动成功的关键。而且买赠的搭配方案等还要不断创新，不然会因为竞争对手的模仿跟进而失去吸引力。

（2）打折

这种促销方式在实体和网上店铺中都比较常见。顾客都喜欢物美价廉的商品，有些顾客在购买的时候还会跟商家讨价还价，卖家为了满足顾客这样的心理，就把商品价格直接降低，以期达到更好的销售效果，这就是打折。目前，网上店铺常用的打折方式有直接把宝贝价格打折、满减（满多少减多少）、宝贝上架时直接标出折扣价格、限时打折等。

（3）包邮

在网上购物，买卖双方往往不是处于一个城市，因此出现了邮费这个中间环节，这也是买家购买商品时关注的焦点之一，这会影响到买家对网购价格优惠的感知。一些价格比较便宜的商品，运费在总价中所占的比例较大，甚至比商品还贵，划不来。为了节省邮费，很多买家在购买商品时更倾向于邮费比较低的同城的卖家。因此，为了吸引更多的顾客，不少卖家都会通过包邮这个促销手段来留住顾客。包邮的形式可以是单件免邮、多件包邮或者满多少包邮等，让消费者从心理上感觉到便宜。

（4）秒杀

这种促销方式现在在网上非常常见。所谓的“秒杀”活动就是指卖家以超低价格发布一些商品，并设置活动时间段，让所有买家在同一时间在网上抢购的一种销售方式。由于商品价格低廉，往往在很短的时间内，甚至是在发布后的一秒钟就被抢购一空。

（5）拍卖

拍卖是淘宝网的一种商品发布形式，而通过拍卖活动对店铺产生的作用和其他大部分的促销活动相似，因此拍卖也是比较普遍的一种促销方式。在网上店铺中进行商品的拍卖，是将商品以较低的价格用拍卖的形式发布出来，同时规定截止时间，最终出价最高者购得商品。因为刚发布时商品的价格较低，因此会吸引很多人来竞拍，达到很好的推广效果。

（6）团购

这原本是淘宝网的一种商品发布方式，后来被取消，但是卖家还可以自己在店铺中组织团购活动。参加团购的商品价格上会有很大的优惠，就相当于批发，所以顾客都很乐意团购商品。团购可以使卖家一次卖出更多数量的商品，也比较受一些不懂得挑选、担心买到假冒伪劣商品、不会砍价的顾客的青睐。

（7）试用、试吃

在实体店铺中对商品进行试用、试穿、试吃等都比较普遍，但对于网上店铺来说就比较困难了。因此，淘宝网推出了类似的试用、试吃促销方式，让顾客花很少的钱买小份的商品，试吃或者试用后觉得满意后再大量购买，如“一包茶叶一元全国包邮”“一片面膜一元全国包邮”等。一般来说，食品类、化妆品类等卖家，特别是对商品比较自信的卖家可以选择使用这种促销方式来进行推广。

（8）积分活动

积分活动是指买家在卖家的店铺中购买过商品后就可以获得一定的积分，通过累计的积分可以免费（或以很低的价钱）兑换商品的一种促销方式。这是一种可以增强顾客黏性的促销方式，可以吸引买家再次购买或介绍新顾客来消费，从而达到良好的推广效果。使用这种促销方式需要重点考虑积分门槛的设置，太高让顾客很难达到，活动则失去了意义；太低则难以达到良好的效果。

对于以上介绍的一些常用的促销方式，在下文中还将做更为详细的介绍，以使读者可以了解并掌握这些促销方式的使用方法。

10.2 VIP 会员制和淘宝的增值服务

目前，对于一家网上店铺的经营者来说，与实体店的竞争、与其他经营类似商品的卖家同行的竞争都日趋激烈，为了争取更多的销售机会，商家们都会用各种促销手段来吸引顾客，其中，实行 VIP 会员制是留住老顾客最常见的方法之一。

10.2.1 VIP 会员制

从普通大众的心理角度来分析，大多数人都非常喜欢成为商家的一名会员，并享受成为会员所带来的种种优惠政策。因此，为了可以留住老顾客、带来新顾客，卖家可以通过“网店管家”来设置买家级别，设置一些只要入门条件不高，折扣又足够吸引人的会员制，并在店铺里公示出来，凡是达到标准的顾客都可以享受相应的会员优惠折扣。如图所示为在“网店管家”设置买家级别。

10.2.2 淘宝的增值服务

除了 VIP 会员制以外，淘宝的增值服务也有不错的促销效果，下面就来具体了解一下。

打开“卖家中心”，点击进入“软件服务 / 我要订购”页面，在该页面中含有一系列对我帮助卖家推广和销售的增值服务，如图所示，如果推出店铺会员卡的同时，又配合使用这些新功能，一方面可以经常与老顾客保持沟通，发送各种促销信息，增加销售机会；另一方面还可以有效提升会员忠诚度，甚至还可以帮助我们开发新顾客。

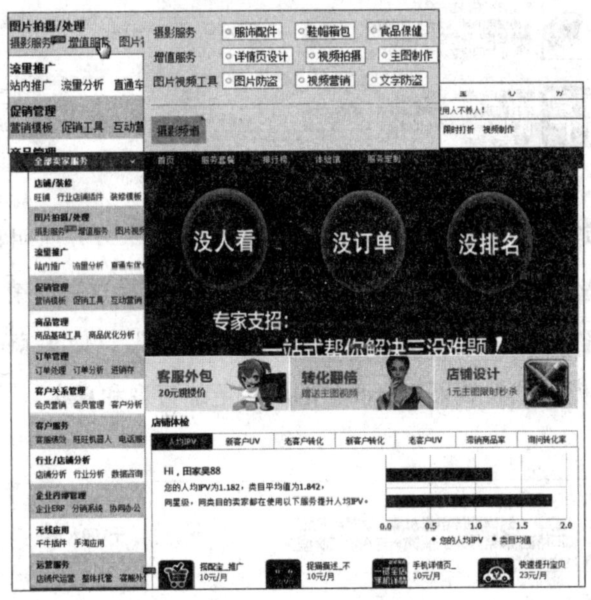

目前，商品的描述主要还是以图片和文字为主，但图片毕竟是静止的画面，与实物在颜色、大小上也难免会有一些偏差，这样就令商品的展示具有一定的局限性，甚至会给买家造成误会。为了在一定程度上弥补网购看不到实物的缺陷，淘宝网提供了如图所示的这类视

频展示服务。提供这种服务的都是发展成熟的视频网站，播放速度和稳定性都有一定的保障。买家可以将店铺的热销商品用这类服务进行动态的展示，以便于商品的推广，增加销售，提高店铺的转化率。

服务	评分	使用人数	价格
淘宝视频服务 淘宝官方视频服务，稳定快捷有保障。 淘宝官方	★★★★★	10.6万人使用	5 元/月 免费试用
炫彩主图_视觉促销流量猛增 批量添加各类【促销标签】【水印】【边框】【自定义LOGO】【文字】到您宝贝主图 炫彩软件	★★★★★	7,734人使用	10 元/月 免费试用
流量助理_轻松提升搜索流量 提升搜索流量，中小卖家的唯一出路！全新分析同行流量词，最有效的标题优化！全新 上海微悉信息科技有限公司	★★★★★	1.5万人使用	0.1 元/分会员版/月
乐视云视频服务 免费试用的亲们请看试用教程哦~2G大小视频随意传，存储空间无限制，分类管理方便 乐视网信息技术（北京）股份有限公司	★★★★★	7,428人使用	2.5 元/个/月 免费试用
拼图工厂_海报_详情_主图_全 不花钱请美工，达到商城效果。简单快速制作专业【宝贝详情】【描述】【主图】【标 云邦科技	★★★★★	5,348人使用	10 元/月 免费试用

与在实体店中购物相比，网上店铺在商品体验方面明显处于弱势，而一些服装类的商品也不太适合进行免费试穿这种促销。为了弥补这种缺陷，卖家可以考虑使用“试衣间服务”，使买家可以看到360°真人模特试衣效果，使商品的展示更加直观和真实。

10.3 常用促销工具的使用

前面我们介绍促销推广的最佳时机以及几种常见的促销方式。那么，如何在店铺中以这些促销方式进行促销呢？为了帮助卖家策划优质的促销活动，降低卖家的人力成本，淘宝提供了许多促销小工具，如“欢乐逛”“满就送”“搭配套餐”“限时折扣”等。卖家如果能够合理使用这些促销小工具，就可以轻松提升店铺的购买转化率和销售笔数了。

10.3.1 使用“欢乐逛”

“欢乐逛”可以帮助卖家科学统一管理店铺的促销活动，具有批量添加各种促销信息等功能。不仅如此，“欢乐逛”还提供大量的促销素材且便于编辑，大大节省了卖家的时间，是一款非常好用的淘宝促销小工具。

1. 订购“欢乐逛”服务

要想使用“欢乐逛”，首先要订购“欢乐逛”服务，具体操作步骤如下：

01. 登录淘宝网并进入卖家中心，然后单击“软件服务”类目下的“我要订购”链接。

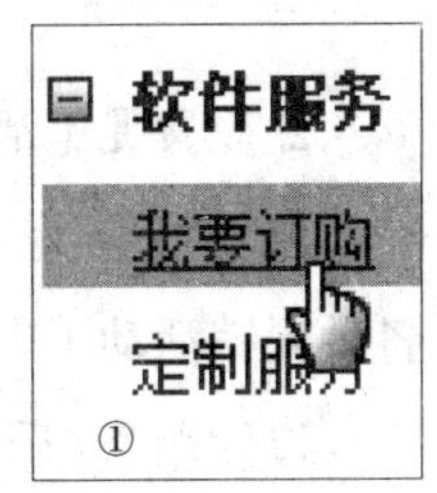

02. 打开“淘宝卖家服务”页面，然后选择“促销管理”/“促销工具”链接。

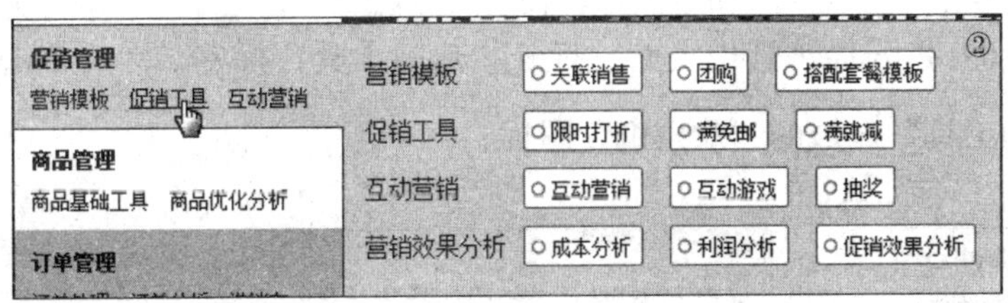

03. 打开下图所示的页面，然后单击“欢乐逛”图标。

04. 打开图所示的页面，选择要订购的服务版本和周期，然后单击“立即订购”按钮，按照提示付费后，即可成功订购“欢乐逛”服务。

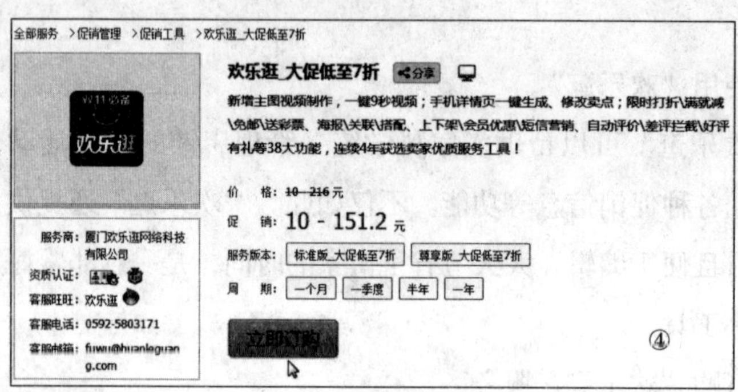

④

2. 设置促销活动

成功订购了“欢乐逛”服务后，就可以使用“欢乐逛”来设置各种促销活动了。

以使用“欢乐逛”设置“圣诞特价”活动为例，具体操作步骤如下：

01. 登录淘宝网并进入卖家中心，然后单击“营销中心”类目下的“促销管理”链接。

02. 打开促销管理页面，打开“热门工具”标签，然后单击“已订购工具”区域的“欢乐逛”图标。

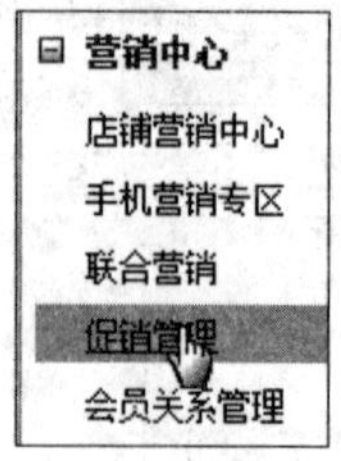

①

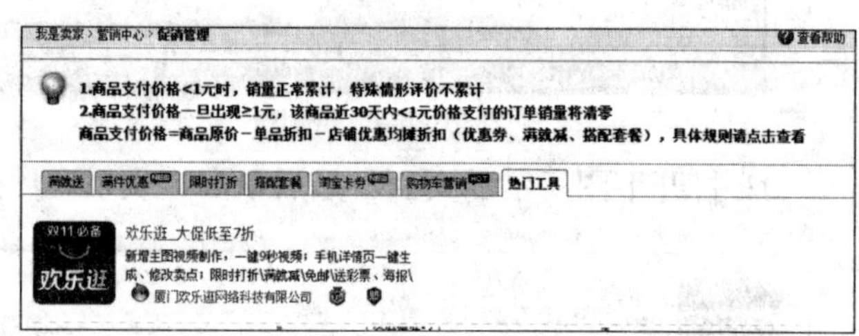

②

03.进入“欢乐逛全能助手”后台操作页面，单击上侧的“促销活动”链接。

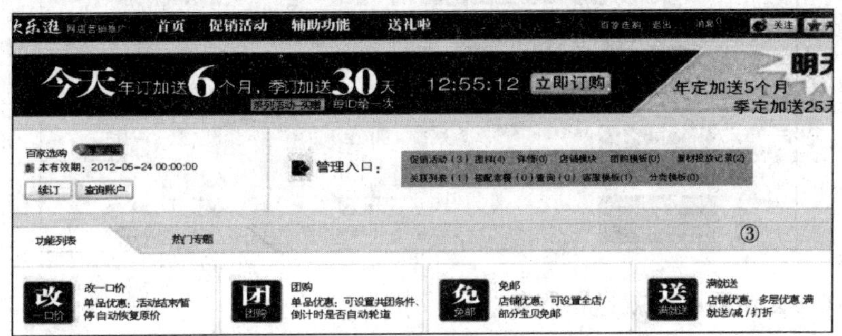

04. 打开图所示的页面，然后单击“限时折扣”图标。

05. 打开活动设置的页面，然后按照提示设置活动内容，效果如图所示。

06. 设置完成后，单击“下一步”按钮，选择要参加活动的商品。

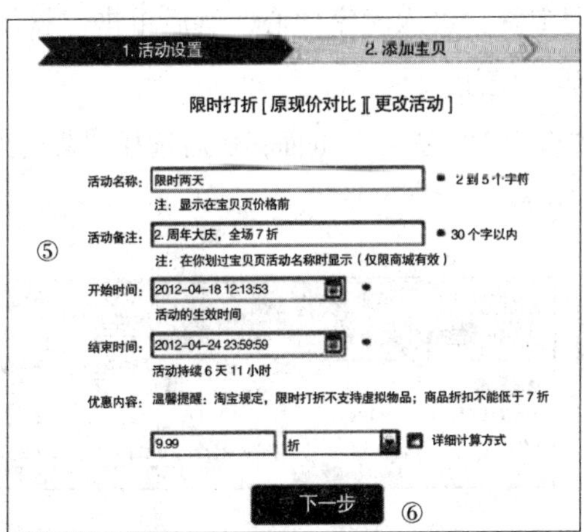

07. 选择完成后单击“加入活动”按钮，即可成功设置促销活动。

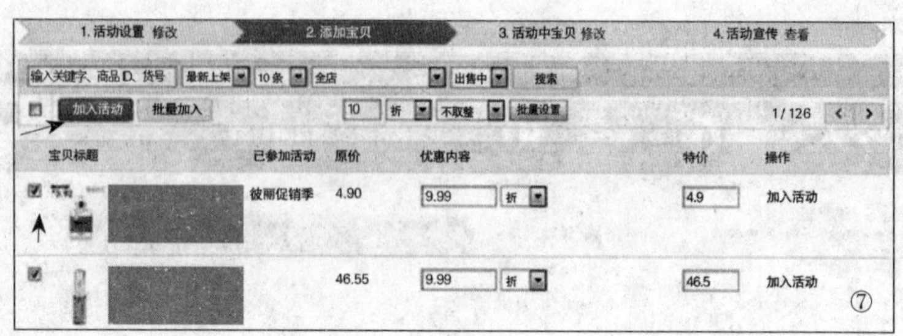

⑦

10.3.2 使用“满就送”服务

“满就送”主要包括满就送礼品、满就送优惠券、满就送彩票、满就送免邮、满就减现金等功能。通过使用这些功能，可以让买家一次消费更多金额，有效增加店铺的流量和商品的销量，从而提升店铺销售业绩，提高店铺购买转化率，还可以节约人力成本、增加店铺购物的乐趣。

1. 订购“满就送”服务

要想使用“满就送”，首先必须要开通“满就送”服务，具体操作步骤如下：

01. 登录淘宝网，进入卖家中心，然后单击“软件服务”类目下的“我要订购”链接。

02. 打开“淘宝卖家服务”页面，然后选择“营销推广”→“促销工具”链接。

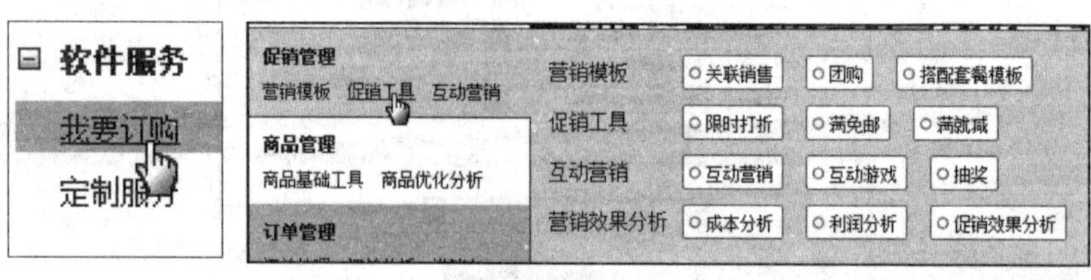

① ②

03. 打开图所示的页面，然后单击“满就送”图标。

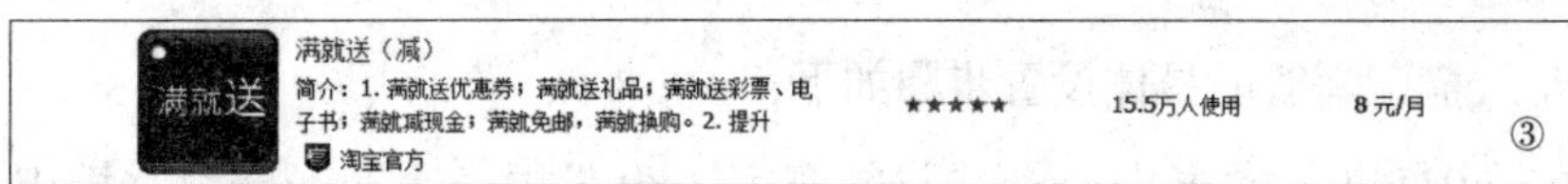

04 打开图所示的页面，然后单击“立即订购”按钮，按照提示付费后．即可成功订购“满就送”服务。

技巧提示

“满就送”服务是一款非常方便、有效的促销工具，但是使用该服务需要付费，一个季度费用为 24 元。

2. 设置“满就送”促销活动

完成订购后，就可以使用“满就送”服务来设置相应的促销活动了，具体操作步骤如下：

01. 登录淘宝网并进入卖家中心，然后单击“营销中心”类目下的“促销管理”链接。

02. 打开促销管理页面，在“热门工具”标签的“已订购工具”区域单击“满就送”图标。

03. 进入“满就送”工具的后台操作页面，按照需要设置活动名称、优惠条件、优惠内容、活动时间、活动备注等信息。

04. 设定完成后，在店铺中就会显示满就送的相关信息。

10.3.2 搭配套餐

搭配套餐是指将几种商品组合在一起设置成套餐来进行捆绑销售的一种促销方式。通过促销套餐可以让买家一次性购买更多的商品，有效增加店铺的流量和商品的销量，提升店铺的销售业绩、店铺购买转化率，节约人力成本。需要注意的是，目前虚拟类商品不能使用这项功能。

搭配套餐的具体设置步骤如下：

01. 进入卖家中心：“我的淘宝”→“我是卖家”→“营销中心”→“促销管理”中选择“搭配套餐”，如图所示。

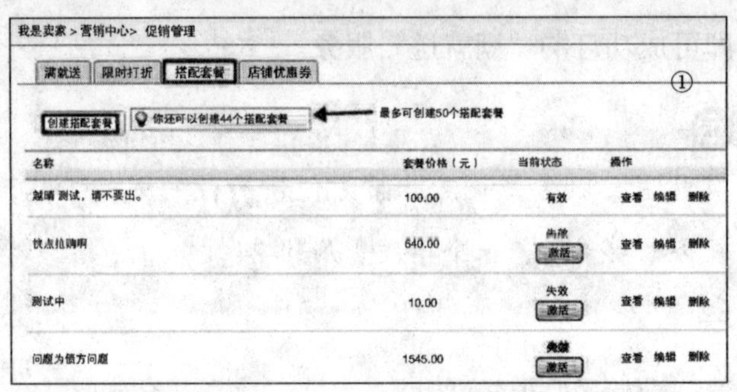

点击搭配套餐进入设置菜单，就可以创建活动了。在创建页面也可以查看、编辑、删除已创建的搭配套餐促销活动。

02. 按照顺序填写搭配套餐促销标题、价格和设置宝贝详情图片。搭配总价高于单个宝贝原价总和时，按原价总和购买，如图所示。

03. 挑选适合用于搭配促销的商品，单击“添加搭配宝贝”，最多可以添加 5 件宝贝，新搭配套餐可减少库存，每个套餐商品都可以由买家评价，如图所示。

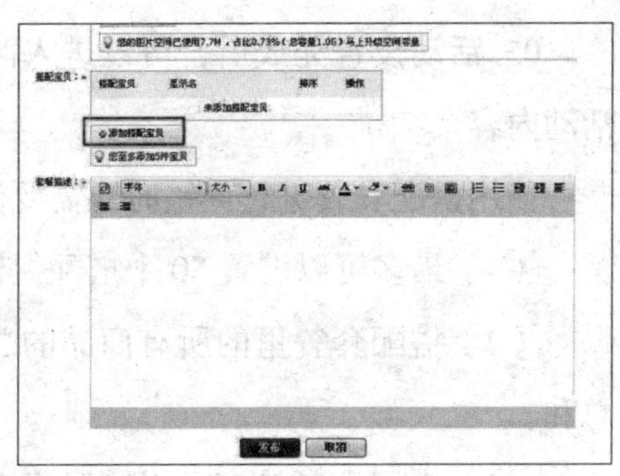

③

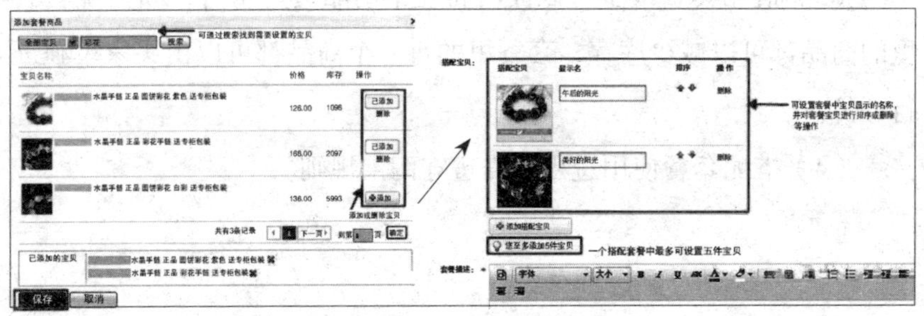

04. 填写套餐描述，可以更加详细介绍具体的促销套餐活动。最后，点击发布就可以了，如图所示。

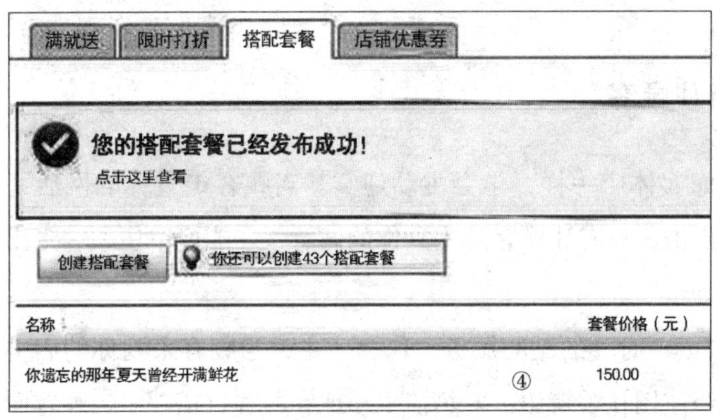

④

活动发布后，可在刚开始的页面查看、编辑、删除促销信息。并且可以进入商品详情页面查看具体搭配套餐活动内容。

05. 活动设置完成后，可以进入商品详情页面查看具体搭配套餐活动内容。

使用搭配套餐进行促销时还需要注意以下几点：

（1）最多可以设置 50 个搭配促销套餐。

（2）搭配套餐里的所有商品的总价要低于单个宝贝原价相加的总和。

（3）搭配套餐最多可以同时将 5 个商品进行组合，新搭配套餐里的商品都可以减少库存，套餐里的每一个商品都可以由买家单独进行评价。

（4）搭配套餐使用过程中需遵守淘宝规则。

11 开拓客源

11.1 留住顾客

要像实体店一样，学会主动迎宾。当顾客走进你的网店，一定要主动出击，只有让顾客感受到你的诚意，才能挽留住顾客走出你店铺的“脚步”。

（1）一对一的贴心服务。作为店主，当顾客来到你的店中时，不要忘记使用礼貌言语，要热情主动地和顾客打招呼。当顾客向你发出咨询时，一定要积极地给出回应，不能让顾客感觉到他对面是坐着一个机器，要让顾客知道屏幕对面坐着的是一个人。这样，能给顾客留下良好的第一印象。

（2）交易的时候，为了方便顾客，多提供几种交易方式，汇款的方式尽可能的多一些，如建设银行、农业银行、工商银行、中国银行、邮政储蓄、借记卡、信用卡等。

（3）交易过程，尽量多地了解顾客的信息，并做一个Excel表格，将顾客信息统统记下。比如在交易的过程中可以询问顾客的职业、年龄、喜好、平时的网络购物习惯等。

（4）QQ上多加一些人，但是不要经常给他们发布商品推广的消息，在发布新品登录消息的时候倒是不妨多给他们一些消息。

（5）在商品寄出后，做好进行电话回访工作，主要可以围绕这些问题展开话题：商品是否收到、对商品是否满意、希望给出一些改进意见，最后还可附带一些祝福语等。值得一提的是，不要忘记提醒顾客，如果满意的话请给店铺好评。

（6）换位思考。客户的感受对卖家极其重要。不管在什么时候，卖家一定要永远站在客户的角度和立场思考问题。如果一个客户欢欢喜喜来到你的店铺买商品，你却采用欺骗的手段，让客户乘兴而来败兴而归，他下次还会来关照你的生意吗？

（7）做一个好人，诚实守信地对待每一个顾客，树立自己良好的口碑。做任何事情都要学会求同存异，要有一颗善良的心，礼貌地对待同行。必须深知，只有在一个良好的大氛围中，才能让你的生意蒸蒸日上，才能让更多的人认同、购买你的商品，才能给你带来更多的生意，而这个良好的大环境，是你和其他众多店主一起努力创造的。

（8）慎用价格战。很多商家为了吸引更多的顾客，以最便宜的商品吸引顾客的注意。这并不是一个长久之计，其结果只会弄得两败俱伤。我们卖商品，应从产品的价值和新意出发来吸引顾客。做到别人有的我们有，别人没有的我们还有，这样才能吸引到顾客。

（9）要有好口才。怎样让顾客在最短的时间内从你的店铺里买走他看上的商品呢？在这里，我们就这个问题介绍几点小诀窍。当顾客来到你的商店，并看上你的商品后，先不要急着和顾客谈价格，这样很容易让顾客产生逆反心理，这时候我们要做的是，将你的商品的特点介绍给顾客，重点谈出它的作用、价值和与众不同，如果顾客和你砍价，你可以讲述一下该商品为什么值这个价格，如果顾客还是认为性价比不高，你可以介绍相似的便宜一点的商品给他。可以给他对比一下，告诉他一分价钱一分货。

（10）服务态度。对待顾客不能存有厚此薄彼的歧视心理，无论顾客是否购买你的商品，都要以同种态度对待所有的顾客。对于他们所提出的问题都要一一做出解答，解答问题时要耐心而且细致。在给顾客发货时要考虑周全，对于偏远的地区，要采用结实的包装，物品的摆放要整齐、科学。一次发了多少货要列张清单给顾客看，哪件货物包在哪个箱都要写明白，让顾客更容易点货。

（11）售后跟踪服务。客户收到产品后，如果产品有所损伤，我们应该帮顾客维修好，不能维修的要为客户调换货物，一直到客户满意为止。有的产品没有使用说明书，卖家还要负责教顾客怎么用自己的产品，怎么样用才使它的寿命更长，怎么样保养最好。

11.1.1 灵活应对不同类型的买家

合理地将买家进行归类，以后遇到相同情况就能做到心中有数，有备无患。这就是所谓的知己知彼，百战不殆。

（1）豪爽型

我们经常会遇到客户这样的答话，“宝贝很漂亮，拍下什么时候可以发货？”“我很喜欢这件商品，已经拍下了，记得尽早给我发货哦！”等等。

分析：每个卖家都喜欢并希望遇到这样的客户，客户既然说出了这样的话，这笔交易基本上就算是板上钉钉了，卖家已经胜券在握了。

技巧：与实体店不同的是，买家和卖家不能面对面进行交流，所以与豪爽型的客户打交道，我们要投其所好，多用豪爽大方的语言，让对方觉得我们跟他脾性相合，属于同种性格的人。

（2）顾虑型

经常我们会遇到客户这样的答话，“这件宝贝的质量真的可靠吗？”“这件宝贝与它的商品描述真的相符吗？”“这件宝贝是否适合我呢？”等等。

分析：对看不见、摸不着的商品产生不信任的心里十分正常，或许是因为他们对我们的店铺心存疑虑，缺少安全感。

技巧：针对这种瞻前顾后的客户，我们要先让他对我们的人先产生信任，然后再让他通过聊天从我们的店铺中找到安全感，逐步开始信任我们的商品，逐渐消除心中的疑虑。

（3）严肃型

经常我们会遇到客户这样的答话，“您好，请问 ××× 商品现在有现货吗？”“××× 看起来不错，我比较喜欢。”等等。

分析：客户的过于认真会给我们带来一种无形的压力，但是他们在严肃之余并没有以居高临下的态度对待我们。这只是他们为人处事的一种态度。

技巧：直奔主题是“对付”严肃型客户的最佳法门，针对他们所提出的问题，我们要一个个做出认真的解答，一定要让他们感觉出我们出众的专业性与优质的服务来。

（4）开朗型

我们经常会遇到客户这样的答话，“亲，你好！方便聊聊吗？”“亲，你的宝贝看起来真的很不错哦。”“亲，你开网店多长时间了？”等等。

分析：不难看出，这种顾客来这里的目的是聊天的，不会马上购买我们的商品，他们想通过聊天的方式来打探他们想知道的商品信息。

技巧：我们可以先和他们寒暄，满足他们聊天的目的，从他们的回话中逐渐打开他们的心扉，慢慢地将我们产品信息透漏给他。

（5）要强型

我们经常会遇到客户这样的答话，“我觉得 ××× 的性能不是很好。”“我觉得这个东西的颜色太暗了。”“××× 的款式如果设计成 YYY 样的，肯定会更好。”等等。

分析：这种客户个性要强，喜欢众星拱月的感觉。他们心中有自己的评判标准，别人的讲解很难改变他们根深蒂固的观念。

技巧：面对这种客户，我们不妨围着他们的思维展开话题，采用迂回战术，多用溢美之词称赞对方，切不可和他们针尖对麦芒，要满足他们的好胜心。

（6）好奇型

往往我们得到的回答中有类似这样的话语，“您好，请问您能介绍一下这个产品吗？ ××× 主要有哪些强于同类产品的功能呢？”“请问您店铺有什么优惠活动呢？您的店铺什么时候有优惠活动呢？”等等。

分析：此类顾客修养极高，他们对你的店铺心怀敬意，说话谦恭有礼，在大多数情况下，他们说的都是内心的真实想法，不会心存歧视和偏见。他们更不会存有强制卖家的倾向，此类顾客谦逊有礼，对店铺不仅没有偏见，甚至表示敬意。他们经常说真心话，绝不会一味地强制客服，他们不喜欢特别待遇。

技巧：不可向顾客施加压力，或是强迫对方，认真对待，然后提高宝贝及店铺促销活动的吸引力，不可以过于施加压力或强迫对方。

（7）冷淡型

冷淡型的客户指的是说话、回复频率较慢的客户，他们说一句话后，有时候会隔很长时间再说第二句话，让我们很难判定他的内心想法，给我们的感觉是完全不介意商品优异与否或自己喜欢与否。

分析：此类顾客虽然言语不多，却很有自己的主见，他们喜欢按照自己的思维行事，不喜欢被卖家压迫推销的感觉。从表面上看，他们似乎对任何事情都漠不关心，其实他们心细如尘，有着非常强的观察能力和判断能力。他们会不动声色地搜集各种情报，冷静地思考商品中的利弊，准确地判断店家给出的信息。

技巧：对这样的客户，我们要充分调动他们的好奇心，将商品的大众卖点介绍给他们显然是不够的，我们要设法让他们对商品产生浓厚的兴趣，以便于我们能够更好地向他们介绍商品，他们只有乐于倾听商品的介绍，才有可能购买我们的商品。比如有一款“美白补水套装”，你可以这样向客户介绍：“亲，这是一款含有天然珍珠粉的美白套装哦”，“它可以有效补水并提亮您 的肤色哦”，“亲，像您这种肤色偏黄的非常适合哦”，这样的介绍，就会调动顾客的好奇心。

（8）随便型

我们经常会遇到客户这样的答话，“你先忙，我随便看看”“看好了我再联系你，先不用管我”“看看你的店铺有没有我所需要的东西”等。

分析：事实上，这类客户是所有客户中最容易接受我们推销的人群。在他们心中早就拟定好了该向我们提什么问题，对我们有可能提出的问题他们又该如何做答。虽然他们对我们的商品和观点大多都采取否定态度，但是他们的心理防线极其薄弱。一旦我们攻溃了他们的防线，他们就会茫然无措，任由我们摆布。最坏的结果不过是在我们介绍商品时遭到他们果断的拒绝，但在绝大多数情况下，他们对我们提出的条件是不会存在什么异议的，就像在表示“如果你提出好的条件，就会引起我的购买欲”。

技巧：对这类顾客要从价格上入手，基本上只要你肯给予他们优惠的价格，交易就可以成功。向顾客介绍店铺的主要促销方式，在促销的价格上再将价格稍做调整，即可促成这类顾客交易。

（9）冷静型

在和客户交流的过程中，我们会常常遇到这样的情况：顾客会回复我们的问题，但是他们答复的速度跟不上我们的节奏，有的时候甚至要等上很久才能得到他们的下一句话。

分析：顾客正在对照商品描述，根据我们的回复做比较，这类顾客属于理智购买型的，他们心思细腻，对店铺主人们的惯用伎俩有很深的了解，他们的思想和行为一般不会受卖家的左右。他们在浏览的过程中，喜欢扮演倾听者，说话中规中矩，很少会失言。

技巧：与这类客户交流一定要注意以下6点：①保持平常心态，不可兴奋，亦不可消极；②先寒暄，降低他们的心理防线，比如，可以先和他们聊聊生活琐事；③措辞一定要有礼貌；④要对自己以及自己店铺的商品有信心，给人开朗向上的感觉；⑤采取“太极”导购方式，循循善诱，不可直奔主题；⑥要具备过硬的专业知识，对自己的商品要有透彻的了解，能够在最短的时间内回答他们所提出的所有问题。

11.2 建立买家档案

及时整理新老顾客的资料，并将它们加为好友，当卖家需要进一步得知买家的信息时，就可以很方便地从档案中调出买家的资料信息。

11.2.1 使用旺旺分组功能

通过旺旺分组功能，将买家加为好友后进行分组说明，下次与买家聊天的时候，就能很轻松地判定对方的身份。

在阿里旺旺中建立分组，并将好友加入分组的具体操作步骤如下：

01. 登录阿里旺旺卖家版，然后右击任一默认分组，选择“添加组”命令。

02. 随后会在所有分组的最下端添加新分组，用户可输入新分组的名称，如“VIP 客户”。

03. 输入完成后，按下“Enter”键完成分组的添加。

04. 右击要改变分组的好友，选择“移动好友”命令。

05. 打开“选择组”对话框，选择相应的好友分组。

06. 单击“确定”按钮，即可将该好友移动至选定的分组中。

07. 此时和该好友聊天时，在聊天窗口的上方即可看到好友的所属分组。

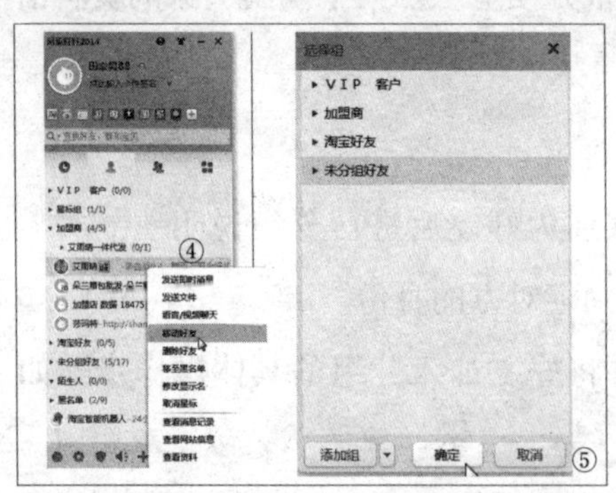

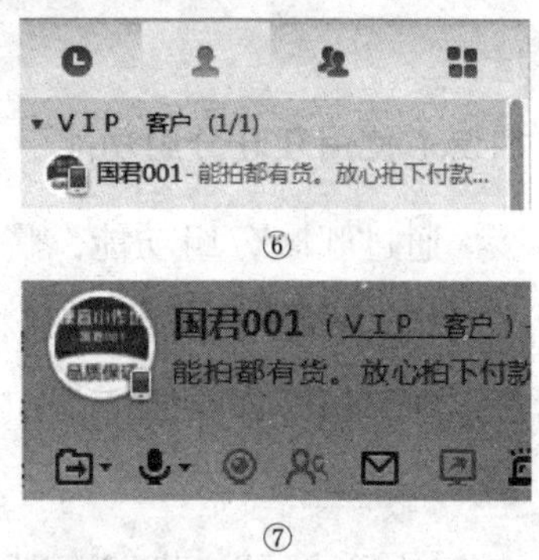

11.2.2 使用记事本查找功能

记事本打开迅速、操作简单方便、体积小巧，是 Windows 系统自带的一个非常实用的小工具。用户可以通过记事本，将客户的各种信息记录下来。当需要查找相关数据时，使用记事本的查找功能即可。使用记事本记录和查找数据的步骤如下：

01. 单击“开始”按钮，选择“所有程序”→“附件”→“记事本”命令，启动记事本应用程序。

02. 在记事本的文档编辑窗口输入要记录的数据，如下图所示。

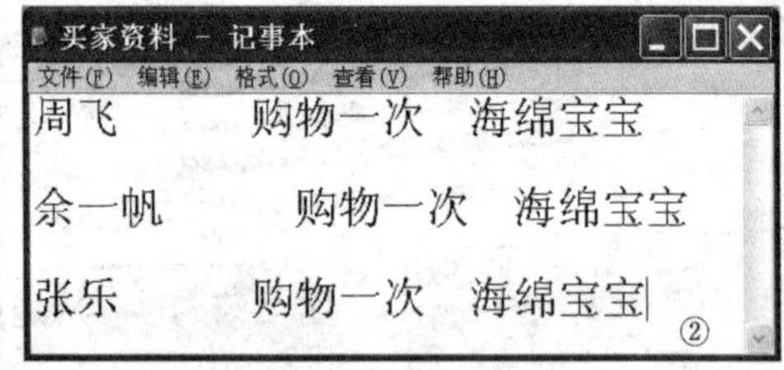

03. 编辑完成后，单击“文件”菜单，选择“保存”命令。

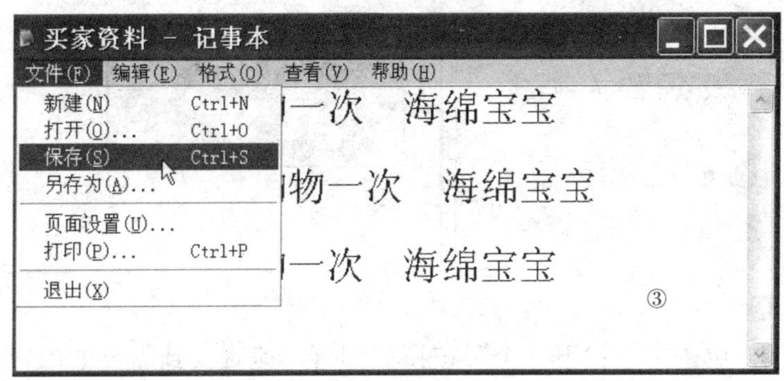

04. 打开“另存为”对话框，设置文档保存的位置和名称，然后单击“保存”按钮，保存文档。

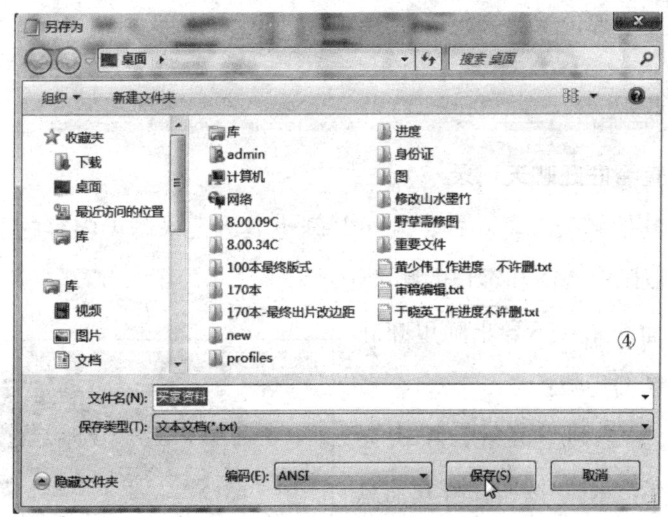

05. 用户若要查找某个买家的信息，可选择“编辑”“查找”命令。

06. 打开“查找”对话框，在“查找内容”文本框中输入买家的名称。

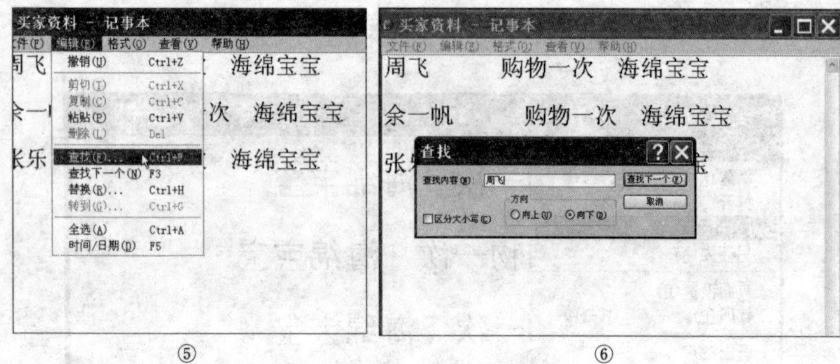

⑤ ⑥

07. 单击“查找下一个”按钮，即可迅速查找到需要的内容，该内容会以被选中的状态出现。

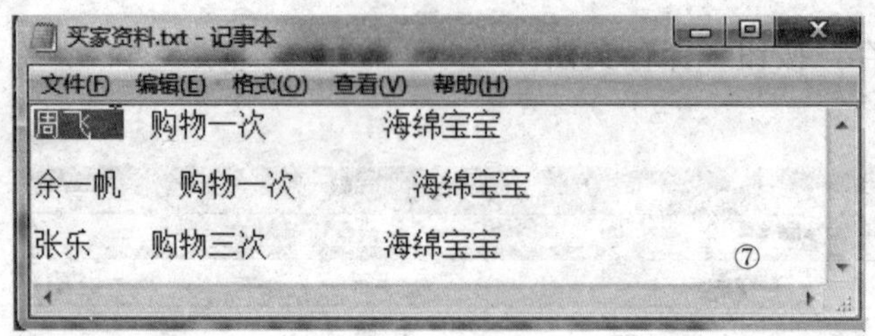

⑦

11.2.3 查看旺旺聊天记录

和其他聊天工具一样，阿里旺旺也具有记录聊天内容的功能，卖家可以随时查阅和客户的聊天记录。

下面介绍一下导出阿里旺旺聊天记录的步骤：

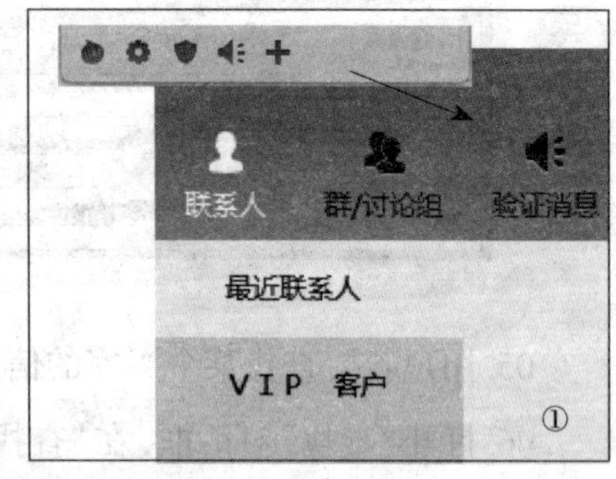

①

01. 登录阿里旺旺，单击界面下方的“ ”按钮，打开消息管理中心。

02. 在“消息管理器”窗口左侧选择要查看的买家，即可查看和该买家的聊天记录。

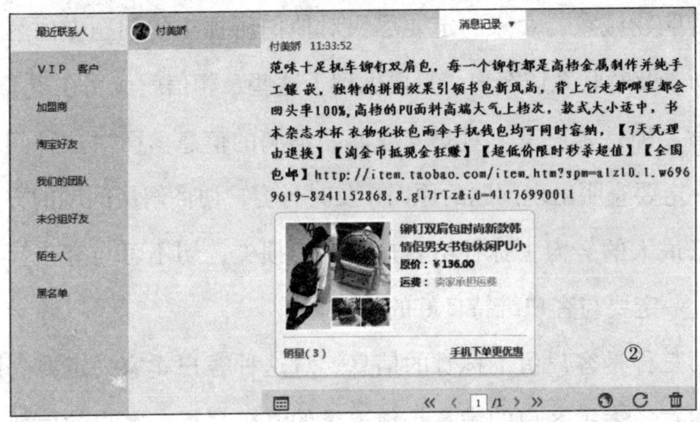

技巧提示

阿里旺旺不仅具有帮助买家和卖家即时通信的功能，还能够整合买家的资料信息，还具有等待买家上门的功能。每一个专业的网络卖家，都必须掌握好阿里旺旺的所有管理功能，只有如此做起交易来才能够得心应手，才算是真正的网络卖家。

11.3 主动联系潜在买家

有些买家购买商品喜欢参考站内信件、商品留言、店铺留言等，他们以发布求购信息的方式等候卖家的联系，这类客户最好不要错过，他们大多有着明确的购物目标，且属于真正有购买意向的客户，因此联系这类客户的交易成功率是非常高的。

11.3.1 查看店铺留言联系买家

店铺留言信息主要分为三种，我们应该加以区别对待：

第一种是客户留下疑问信息。这类客户购物意向颇高，有实实在在的购物诚意，卖家一定要尽快对他们所提出的问题做出解答，并主动、及时联系该客户。只要做到了这些，相信就成功在望了。

第二种是客户留下对卖家或商品不满的信息。面对这种问题，卖家一定要查明出现问题的原因，及时与客户协商解决问题的方案，尽自己最大的努力去弥补给客户带来的损失，切不可与客户针尖对麦芒，一定要与客户维持良好的关系。

第三种是客户留下称赞的信息。对这种客户卖家一定要真诚地表示谢意，表示客户的满意是你追求的终极目标；客户的信任是你完善的最大动力；客户的支持是促使你进步的最强支柱。表示相信在以后的日子里，你会精益求精，你的店铺一定会越做越好，一定会让客户越来越满意。

11.3.2 浏览求购信息寻找买家

淘宝网为了方便客户购物，上面设置了顾客求购的板块，卖家可以根据自己的需要，列出欲购商品的详细信息，这样不仅有效地节省了客户购物进行筛选的时间，还为卖家提供了有购买意向的客户源，让卖家交易的目标清晰化，大大增加了交易的成功率。

卖家只要进入淘宝社区，单击“打听”按钮，再选择买家所求购的商品类型，即可看到买家求购信息，如下图所示。

【服装】我要求购 布意坊09冬装 棉衣 短 七分袖

【服装】我要求购 羊绒大衣

【服装】我要求购 高腰裤子

【服装】我要求购 显高裤子

【服装】我要求购 荡妇亚轩机动车砂皮

11.3.3 设置店铺提醒

卖家可以运用“网站提醒设置”这项功能，开启消息订阅与提醒这项功能。订阅消息主要分为四种方式：手机、邮件、旺旺、站内信，其中提醒卖家的又分为六大板块：评价提醒、投诉举报提醒、社区提醒、卖家提醒、买家提醒、退款提醒，卖家可以根据自己的实际情况和经营习惯，自主选择消息提醒具体内容以及最便捷的提醒方式。

下面以设置站内信为例进行介绍，具体操作步骤如下：

01. 进入“我的淘宝”页面，选择“账号管理”选项卡，并单击左侧“账号管理”栏下的“网站提醒”链接，进入“消息订阅”页面。

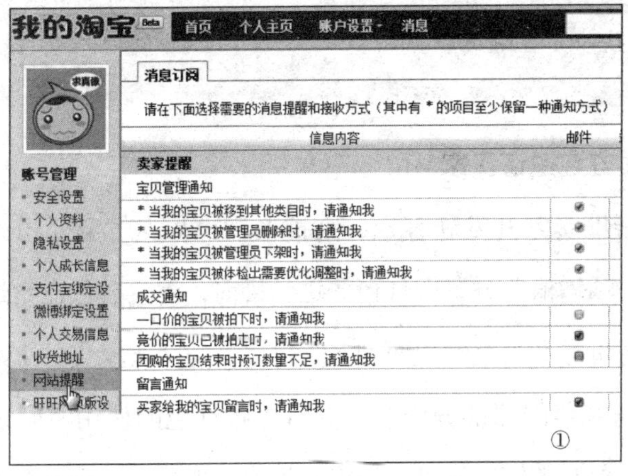

02. 在“站内信”栏中，选中需要获得消息提醒的复选项。然后单击“保存”按钮。

03. 当设置发送站内信后，接收该项信息时，将会以发送站内信的方式提示卖家。

卖家不仅要在卖家提醒板块设置多种提醒方式进行提醒，投诉举报提醒、退款提醒、评价提醒、社区提醒中所显示的内容也不容忽视。

技巧提示

如果卖家的阿里旺旺经常保持在线，可以设置旺旺提醒功能，及时向卖家回馈店铺动态和买家消息，保证不错过每一条有用的信息；如果卖家的阿里旺旺不经常在线，但是有查看邮件的习惯，则可以设置邮件为主，通过查阅邮件的方式查看买家信息；除此之外，卖家还可以设置站内信提醒作为补充作用，在日后有需要的时候，随时都可以打开站内信进行查阅。为了不错过任何一条有用的信息，卖家应将所有选项都设置成提醒模式。

11.3.4 派发红包邀请买家

为了帮助卖家开发新客户、维护老客户，支付宝公司为淘宝卖家提供了一项增值业务，即红包派送。目前，淘宝红包在赠送形式上主要分为抵价券和现金红包两种。支付宝公司从卖家支付宝账户中冻结用于派送红包的那部分资金，同时也将红包的使用时间设置了权限，也即红包有效期。所以在一定时间内，如果红包没有派发出去，卖家支付宝中被支付宝公司冻结的红包资金将会自动解冻。

（1）发送礼仪红包

支付宝红包分为礼仪红包和促销红包，可以进行指定发送的红包属于礼仪红包，它适用于支付宝的所有交易，其具体操作步骤如下：

01. 创建礼仪红包首先需要登录支付宝账户，单击“交易管理”下的“红包”链接，进入红包管理页面。

02. 单击“创建红包”链接，选择“创建礼仪红包”选项，单击“下一步”按钮。

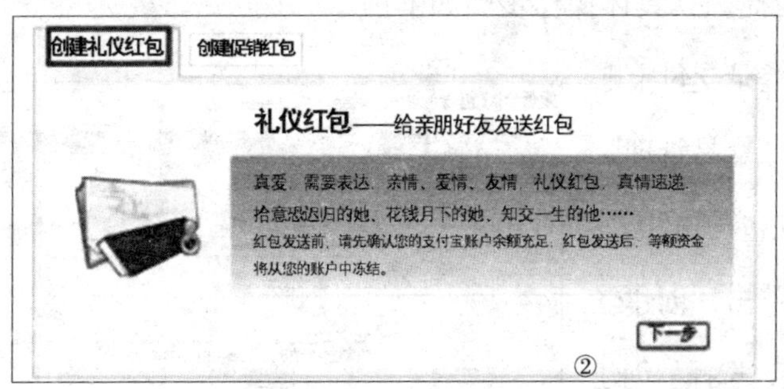

03. 输入红包的相关信息，输入接收红包用户的账户名，再单击“添加”按钮添加联系人。

04. 单击“下一步”按钮，进入红包发送页面。

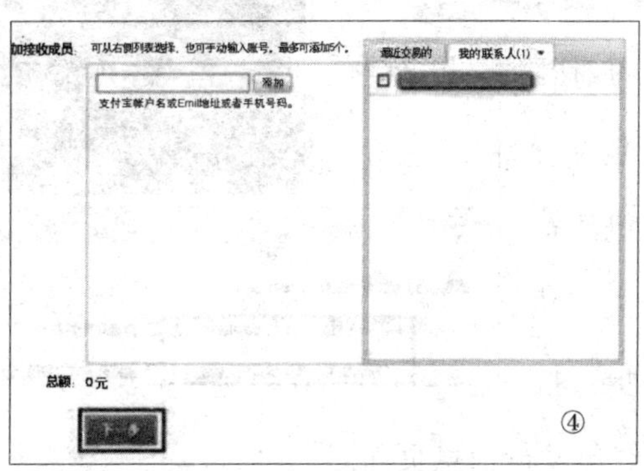

05. 确认红包信息之后输入支付宝的支付密码，单击“确定发行”按钮，发行红包即可。

（2）发送促销红包

就目前情况而言，促销红包的发行方式主要有3种：淘宝店铺红包、支付宝商家红包、淘宝商品红包，发放红包时只需要将红包代码复制就可以以多种发放途径进行发送。而且，派送的方式比礼仪红包更为便捷。其具体操作步骤如下：

01. 登录支付宝账户，单击“交易管理”下的“红包”链接。

02. 单击“创建红包”链接，选择“创建促销红包”选项，单击“下一步”按钮。

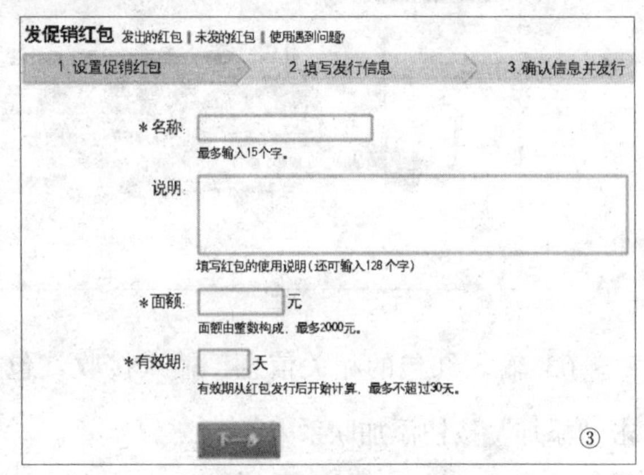

03. 输入红包的相关信息，如下图所示，单击“下一步”按钮。

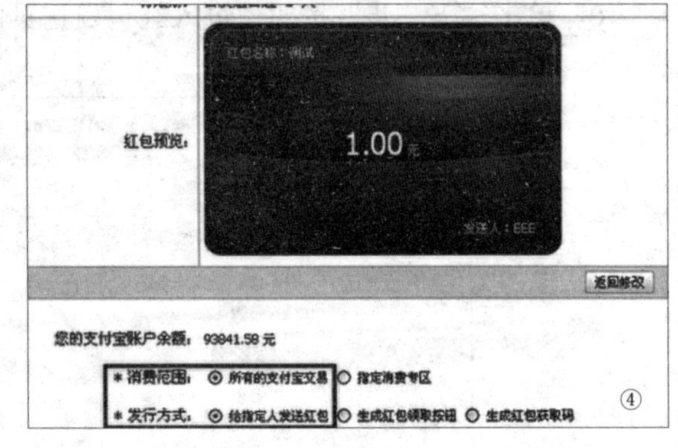

04. 输入红包发行数量，设置红包消费范围和发行种类，然后单击“下一步”按钮，进入确认红包发行信息页面。

05. 确认红包信息，输入支付宝的支付密码，单击“确认发行”按钮，发行红包。

06. 单击“复制代码”按钮，将代码粘贴到网页的 html 代码中，用户只需要单击此按钮即可领取红包，如图所示。

发促销红包

恭喜您，促销红包发行成功。

本次发行红包共需实时冻结资金 2.00 元；如红包到期后未被使用，冻结资金将被解冻。

您可能需要：继续发促销红包 | 红包管理 | 返回我的支付宝

复制以下代码到网页的HTML中生成红包领取按钮。

```
<a href="http://couponweb.sit.alipay.net/coupon/getbybtn.htm?
id=29064&type=button&ac=82d35103a8d531f6152282bf73764b53"
target="_blank"><img alt="立即点击领取"
src="http://img.alipay.net/pa/img/user/coupon/getcouponbtn.png"
```

⑥

技巧提示

淘宝卖家派送的抵价券都是有使用期限的，一般为十五天左右，对于有特别规定的请按照具体说明操作。买家收到淘宝折扣券之后，要在有效期内使用。

淘宝卖家如果存在以下行为，其派发红包的权力将会被取消，情节严重的，其支付宝账户将会永久被支付宝公司冻结，甚至，店铺会被淘宝网永久封闭。

（1）误导买家先完成确认收货。

（2）拒绝使用支付宝交易的卖家。

（3）发出红包后，拒绝买家使用。

（4）存在其他违反淘宝及支付宝规则行为的卖家。

11.3.5 人脉推广

分享是一种美好的品德，日常生活中，当我们遇到开心的事情时，总会在第一时间通知我们的亲朋好友，让他们和自己一起分享欢乐。例如，某人在闹市区开了一家商场，或者在某次活动中中了大奖，肯定会在第一时间通知他们的亲朋好友，从事网络零售亦不例外，因亲朋好友们也都有购买商品的需求，他们都是潜在的客户，因此，将自己从事网络销售的消息告诉他们非常有必要。

人脉是我们在生活中日积月累积累起来的，人脉是口碑推广的基础，在日常生活中，卖家一定要扩大自己的交往圈，多积累人脉，并对人脉善加利用。其实，只要我们细心留意，是不难寻找到扩充人脉的途径的。如：在卖家帮派里认识的朋友是我们潜在的客户。在旺旺群里面的人也是我们的潜在客户；通过线下聚会所认识的人是我们的潜在客户；参加培训时认识的人也是我们的潜在客户。只要我们和这些人多进行沟通，让他们对我们有一定的认识和了解，他们就会很容易地为我们起到良好的推广作用。

11.4 巧用商品包装提升人气小技巧

商品包装主要分为：外包装、中包装和内包装三种，他不仅能够对商品起到很好的保护作用，还能够提升自己商品的形象，延伸商品的价值，使自己的商品能够很好地区别于其他商家的商品，在浩如烟海的商品中与众不同，甚至是脱颖而出。

下面介绍一下包装商品的小技巧：

（1）在包装上贴警示标语

在包装上贴小标语是卖家细腻、认真的体现，又不需要花费成本，何乐而不为。在发货的时候，对于那些不能挤压的、易碎的商品，卖家可以在内包装上使用充过气泡的塑料膜，在外包装上写下轻拿轻放的语言提示或直接用带有提示语的白色封箱胶带，要让买家感到卖家细致的工作态度，这样不仅能够挽留住老客户，还能够增加新客户的信任度。

（2）制作店铺名片

名片一定要制作得比较有个性，要能够给人较深刻的印象。名片的内容要能够吸引收到者的兴趣，只有这样别致的名片才可能被对方收藏。我们通常将名片放在包装盒内，放的时候不妨多放几张，因为对方很有可能会将你的名片送给他的朋友。名片上必须具备的内容有：卖家的店名，店主姓名、电话、邮箱、QQ，店铺的网址，店铺经营的范围、宗旨等，这些都是必须具备的内容。

（3）赠送小礼品

赠送小礼品的好处：吸引回头客，让买家感到物有所值，增加店铺的好评率，提升无形资产。

在邮寄商品的时候，将小礼品一同放在包装盒内。小礼品可以是小卡片，也可以是小饰品等。

赠送小礼品的注意事项：小礼品要有实用性；小礼品必须是新的，切忌用自己用过的物品当作赠送礼品。

（4）问候小卡片

在网络日益发达的现在社会，过去用信件进行联络的方式早已被QQ聊天、视频聊天、短信交流、电话联络、电子邮件等工具所代替，绝大多数人在很长时间都没有收到过信件了。因此，卖家如果在邮寄商品的同时，附赠一张漂亮的小卡片，一定会勾起买家那种久违的似曾相识的情怀，引起他们无限美好的遐思，让顾客对卖家倍感亲切，无形之中拉近了双方之间的距离。

（5）商品说明或产品使用小提示

在邮寄商品的同时，卖家可以在包装盒内寄上一份产品说明书或贴心小提示，主要有三大用途：一是减少产品售出后用户来电话的咨询量，给我们节约了很多宝贵的时间；二是人性化、贴心的服务博得了顾客的好感，会让他们给我们好评；三是赢得了顾客的信任，巩固了买卖双方之间的感情，让新客户变成老客户，老客户给我们推荐新客户。

邮寄产品说明书和温馨小提示的要点：一是要有针对性，拣重点和要点说明；二是只能对相对复杂的产品做说明。例如，针对不同皮质的昂贵鞋子要怎样保养、怎样清洁表面、怎样延长使用寿命；买家电的可以向用户介绍怎样使用该产品最安全、怎样使用最省电等一些生活小窍门。

（6）热卖产品介绍

附赠产品介绍可以很好地宣传自己店铺的商品；对买家而言，节省了寻找商品的时间。附赠的商品介绍可以罗列自己的热销商品，也可以介绍自己的主打产品，还可以介绍自己的特色商品和新上架的商品。

11.5 选择合适的配送方式

现在各种快递公司越来越多，彼此间的竞争也越来越激烈，因此卖家一定要合理选择物流公司。

通常情况下，卖家要将各种快递公司进行比较，那些发送货物方便、运费低廉、快捷、送货及时的快递公司是我们的首选，卖家的商品如果发货量较大，可以和快递公司签订长期合作的协议，让他们给出最低的价格。

11.5.1 选择物流公司的注意事项

选择物流公司应注意以下 4 个方面：

（1）安全方面

卖家无论选用哪家物流公司，安全问题始终都是最重要的。商品在运送时，如果安全得不到保障，不仅会损害商品，甚至是遗失商品，还会影响店铺的信誉，丢失客户，甚至是引起不必要的事件纠纷。因此我们一定要选择安全系数较高的物流公司，确保他们能够把商品安全地送到客户手中。

（2）诚信方面

讲求诚信的快递公司能够让买卖双方都省心，所以，卖家在邮寄商品时一定要选用诚信度较高的物流公司。

（3）价格方面

在前面两点都能得到保障的基础上，我们可以选择价格比较低的物流公司，为我们带来省钱的实际利益，但是如果前面两点基本要求都达不到，即便它的价格再便宜，我们也不能选用。

（4）风险方面

卖家为了减小承担的风险，可以选用淘宝推荐的快递公司发货，如果商品在派送的过程中损坏或是遗失，支付宝公司会及时对卖家进行赔偿。支付宝与物流公司之间签订了合作协议，如果商品在派送的过程中受到了损坏或是遗失，支付宝公司将会先行赔予卖家，然后再向物流公司索赔。但是请注意的是：支付宝公司只针对用支付宝在网上下单的卖家提供赔偿。

选用物流公司也是一个不断摸索的过程，卖家一定要多试几家物流公司，从中甄选出服务态度好、价格低廉、省心省时的公司，使自己的利益得到最大化。

与服务态度好、价格低廉、省心省时的物流公司合作是每个卖家的心愿，卖家在选定物流公司后，可以和他们签订协议，进行长期合作。在一些偏远的地区，可以采用网点分布较广的物流公司。

上门送货的注意事项：

同市交易可以采用上门送货的方式，送货之前要认真核实买家的姓名、地址、联系电话等信息；送货时要注意自己的言谈举止，注意自己的形象，多用礼貌用语；商品送到后，卖家要及时联系买家确认收货，完成交易。

11.5.2 发货后的注意事项

（1）发货单是卖家发货的依据，在将商品发出后，卖家一定要保留此单，以便商品损坏或遗失时向物流公司索赔。

（2）发货前，卖家要通知顾客用什么方式进行发货并告知顾客货运单号。

（3）卖家应提醒买家在签收商品时检查包装的完整与否，如果包装残破，买家就不要签收，打开包装后，卖家要注意检查商品的数量，还要看看是否是你所购买的商品，发现存在异常问题之后要尽快与卖家联系。

11.6 售后服务要到位

11.6.1 售后实时跟踪

买家付款之后，卖家要尽快发货，并将发货单号在最短的时间内告知买家，这样买卖双方都可以通过快递公司的网络进行查询，随时跟踪物品去向，如果遇到意外情况，卖家要及时查明事情发生的原因，并及时向买家解释清楚，避免因为物流原因或服务态度问题而收到买家的差评。

邮寄动态的查询方法如下：

01. 登录“我的淘宝”页面。如果是卖家可以单击“已卖出的宝贝”链接，若是买家就要单击“已买到的宝贝”链接。这里单击“已卖出的宝贝”链接。

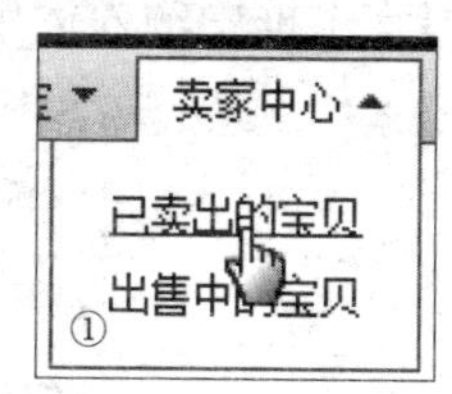

02. 随即打开“已卖出的宝贝”页面，单击要查看的宝贝右侧的“查看物流”链接。

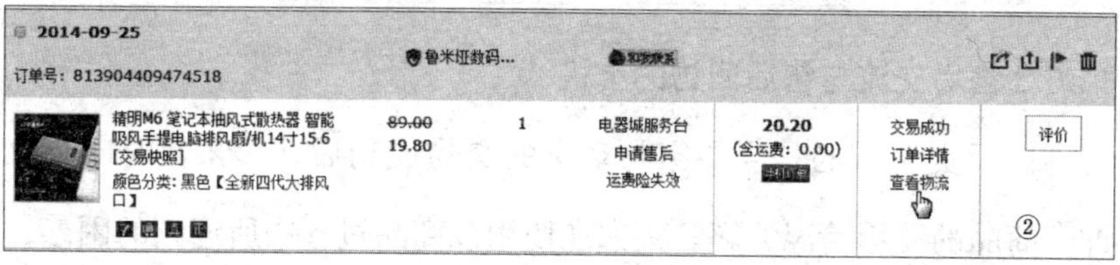

2014-09-25 订单号：813904409474518	鲁米垭数码…					
精明M6 笔记本抽风式散热器 智能吸风手提电脑排风扇/机14寸15.6 [交易快照] 颜色分类：黑色【全新四代大排风口】	89.00 19.80	1	电器城服务台 申请售后 运费险失效	20.20 (含运费：0.00)	交易成功 订单详情 查看物流	评价 ②

03. 随即打开“物流管理”页面，在该页面中有详细的物流信息，包括运单号。单击“跟踪运单信息”链接，在打开的快递公司页面中输入“运单号”进行查询即可。

04. 也可通过百度搜索相应的快递查询网站，在相应网站的运单号文本框中输入运单号，然后单击“查询”按钮进行查询。

11.6.2 售后交流与售后回访的玄机

售后交流指的是当买家与卖家的交易成功后，卖家及时向买家询问商品的使用情况，解答买家在使用该商品过程中所遇到的困惑，并向买家提供专业性的意见或建议。无论买家给你的是好评还是差评，卖家都应在交易后给予买家进一步的关怀。

交易成功说明了一个问题，那就是买家既然选择在网上购物，那么以后就还会继续在网上购买商品。我们进行售后交流的目的就是让他们成为我们的回头客。很多买家觉得既然交易已经成功了，那就没有自己什么事情了，这种思想很狭隘。

在不考虑商品的情况下，售后交流纯属一种服务态度问题。售后交流主要有三大好处：一是让买家感觉到自己受到了卖家的重视；二是让买家感觉到卖家做事情的高度负责；三是可以开发回头客。在与买家进行售后交流时，交流的内容可以概括为以下 3 方面：

（1）收货方面。卖家可以和买家谈论收货时的包装是否完整；使用时是否符合自己的心意等话题。事实上，买家在收到商品后，大多数人都会主动和卖家谈论这些话题。

（2）使用方面。有很多商品买家买回后还要经过一段时间摸索才能熟练使用，卖家如果能够及时地向买家讲解使用方法，会让买家得到切实的好处。所以在售后交流时，使用商品的情况与方法也是很好的一个交流话题，而且还能让买家感觉到温馨。

（3）承诺方面。买家收货后，无论对商品的满意程度如何，卖家如果对买家承诺保修服务，就会提升买家的信任度，会让买家心里感到踏实；买家收到商品后如果对卖家没有反馈问题，这种情况大多属于买家对所购的商品感到比较满意，卖家也可以向他承诺包修服务，以便将之培养成回头客。

及时向买家询问商品的使用情况，解答买家在使用该商品过程中所遇到的困惑，并向买家提供专业性的意见或建议，及时解决出现的问题。

做生意是一个无限循环的过程，因此，当我们完成一单交易之后，还应该时时与顾客保持联系，常做回访工作。我们选择回访的对象可以是近期的潜在客户，也可以是购买的可能性比较大的客户。那么，回访客户究竟有哪些常用方法呢?

（1）建立客户档案。用一个清单把客户的姓名、联系电话、邮寄地址、购买的商品、所需的商品详细地列出来，方便假日的时候问候买家。

（2）节假日信函回访、问候顾客。采用定期回访的方式联系客户，节假日花几分钟时间真诚地给客户打一个慰问电话、一条短信祝福等，都有助于维护客户关系。这是一种尊重客户的表现，他再次购物时就会想起这家店。

（3）电话回访。客户收货的时间段是电话回访的最佳时期，这时回访有两个方面的好处：①让客户感觉到了你的认真与关心，若是没有收到货最好及时为他查询；②有利于买家及时给好评。客户会为卖家热心、贴心的服务而心生感动，觉得店主是个可以信赖的卖家，自然而然地也就成了卖家的回头客，卖家的生意自然也会越来越红火，而且还交了很多朋友。

在交易过程中任何一个时间段，都要以客户为中心，永远把客户当成上帝，这样才能赢得客户的信赖，这是做好网络销售、赚取利润的基础。

11.6.3 正确处理买家的投诉和意见

经调查发现，50% ~ 70% 的网上投诉客户，如果投诉得到解决，他们还会再次从卖家那里购买商品，如果快速解决了他们的投诉，这一比重会上升到 92%。因此，将投诉客户变成回头客的最佳途径就是处理好他们的投诉，妥善处理顾客的投诉，能够有效地防止顾客流失。一般来说，客户们正是希望自己提出的问题能够尽快得到重视和解决才去投诉的，因此卖家应该对顾客的投诉有完整的认识，那么，卖家处理投诉又有哪些策略和技巧呢？

（1）重视顾客的投诉

当顾客向卖家进行投诉或抱怨时，卖家首先要端正态度认真倾听他们吐出的抱怨，不要忽略任何一个问题。每个投诉的顾客都希望自己在投诉的过程中受到重视和善待，也希望卖家能够真正替他们解决所遇到的问题，所以重视顾客的投诉是解决问题的一个良好前提。从卖家自身来说，顾客的投诉可以使自己知道哪些地方需要改进，还可以增进卖家与顾客之间的感情。

（2）分析顾客投诉的原因

卖家认真倾听完客户的抱怨后，可以从中分析出客户投诉的原因并发现处理投诉的重要信息。比如，某客户在网上购买了一架玩具直升机，他对这架直升机基本满意，但是发现了一个小问题，想与卖家换货，当他和卖家进行协商时卖家很没礼貌地指责他或是毫不犹豫地拒绝了他，这个时候顾客就开始抱怨并投诉产品质量了。但是事实上，这名客户真正抱怨的是自己没有得到应有的尊重，而不是产品本身的质量问题。

（3）合理、及时地解决问题

当客户抱怨或投诉产品时，作为卖家应该及时地进行处理。拖延时间或推卸责任只会让本就糟糕的情况愈演愈烈，这样不仅会激化矛盾，影响自己的信用度，更会让现有的客户毫不犹豫地放弃自己。

除认真聆听和分析顾客的投诉外，如何将客户的投诉进行合理化处理也是一门必须要学习的课程。通常情况下，处理客户投诉可以归纳为以下 5 种方法：

①向顾客表示歉意。客户的投诉分为理直气壮和无理取闹两种情况，在他们进行抱怨或投诉时，他们的情绪一般都比较激动，对于这些情况，卖家首先要对顾客的投诉保持一个平和的心态，不要认为他们的投诉无理或他们的言语比较激烈而将自己的个人情绪带到处理投诉的行为中，面对客户的投诉，卖家可以适当地进行道歉，不可对客户采取漠视态度，更不可得理不饶人，与客户争得面红耳赤。有时候喋喋不休的解释只会使顾客的情绪更糟糕，所以说向顾客表示歉意是成功处理投诉行为的要素之一。

②换位思考问题。作为一位卖家，一定要学会体会顾客的真正感受，站在顾客的立场上去思考问题，只有这样才能找到解决问题的有效方法。人与人之间相互理解是化解矛盾的良药。当顾客得到了足够的尊重之后，不仅会平息顾客心中的怒火，也会受到卖家宽大谦和的精神的感染，理性地来解决问题。

③与顾客进行沟通。沟通是整个投诉过程的核心阶段。卖家在与客户进行沟通的时候也不宜过度地克己迎人，既要为网店的基本利益着想，也要考虑到顾客能否接受。沟通结果最好能够达到比自己最低预期略好一点的方案。需要注意的是，卖家在销售商品之前就应未雨绸缪，尽量避免顾客的投诉。当顾客表示对店铺中某件商品感兴趣时，卖家有责任建议顾客购买大小合适的商品、使用时的注意事项等情况，这样能够有效地避免顾客在使用商品后的抱怨或投诉。

④记录顾客投诉与解决的情况。卖家要记录好顾客的抱怨与解决的情况，并对这些记录进行总结，分析问题出现的原因，防止再次发生类似的情况。在处理顾客抱怨时发现的问题，如果是商品质量方面的问题，应该及时通知生产方；如果是售后服务问题与态度问题，应提高自身的服务修养，加强员工的教育和培训。

⑤追踪调查顾客对于投诉处理的反映。顾客的投诉问题得到合理解决后，过一段时间，卖家还应回访顾客对于解决方案的反映。这样一个小举动，使顾客感受到自己得到了重视和尊重，而且也会给顾客留下一个良好的印象，对网店的口碑传播有着极大的作用。

技巧提示

在处理换货或退货时，无论最终的处理结果如何，始终保持热情的态度是每个卖家都应该做到的，不能因为顾客的退货或换货要求损害了自己利益就用恶劣的态度对待顾客。卖家要从退货、换货中吸取经验和教训，争取不再犯类似的错误。如果你的态度恶劣，损失的利益将会更多。而且卖家还应该从这次的状况中分析出原因，做到吃一堑，长一智。

有的顾客会以偏激的语言和态度与卖家协商他在交易过程中所遇到的问题，面对此类买家，作为卖家就更应该保持冷静，要站在顾客的立场去思考问题，冷静地倾听买家的抱怨。毕竟解决问题才是买卖双方最终、一致的目的，所以卖家若是与买家采取一样态度的话，不仅解决不了任何实质性的问题，反而导致了一种助燃剂的副作用。